कुछ पाने की आश

शाबिया नूर मंसूरी

Copyright © Shabiya Noor Mansuri
All Rights Reserved.

क्रम-सूची

क्रम-सूची

क्रम-सूची

1. कुछ पाने की आश

कभी हमेशा busy रहने वाला इंसान खुद को तन्हा महसूस करता है, हो जाती है
सबसे मुलाकते फिर भी इंसान अंदर से अकेला महसूस करता हैं,
आज का इंसान यू तो socially सबसे कनैक्ट हैं,
पर मेंटली अलोन रहता हैं,
कुछ पाने की चाह मे इंसान खुद से जंग हर रोज करता है
हमेशा मुस्कुराने वाला इंसान अंदर ही अन्दर रोता हे झूठी मुस्कुराहट के पीछे न जाने कितना दर्द छुपा होता हैं,
कभी खुद से तो कभी अपनों से ये मन उदास सा रहता है
घंटो नहीं आती हैं नींद क्योंकि ये मन परेशान सा रहता है
हमेशा कुछ नया करने का दिल चाहता हैं, भीड़ से अलग पहचान बनाने का जी
चाहता कुछ पाने की आश में हु, बस इसलिए दिन रात मेहनत करने का दिल चाहता हैं
कभी रब से तो कभी खुद से उम्मीद ला गये रहते हैं, पलेंगे एक दिन अपनी मंजिल को बस यही आश लगाये रहते हैं
कोई हालातो से हार जाते हैं तो कोई हौसलों की नई उडान भरते हैं, मुसीबत का डट कर सामना करने वाले ही अक्सर इतिहास रचते हैं
कुछ पाने की आश में इंसान न जाने कितनी बार sacrifice करता हैं, कभी अपनों से तो कभी खुद से जंग करता हुआ फिरता हैं,

कभी अपने तो कभी हालात थका देते हैं जिनसे ज्यादा
उम्मीद रखो अक्सर वही लोग अपनी औकात दिखा देते हैं,

मतलब की दुनिया में खुदा के अलावा किसी से कुछ पाने
की आश मत रखना, लाख मुश्किले आए रास्ते पर तुम डट
कर खड़े रहना किसी से मदद की तुम आश मत रखना
हो सके जितना तुम लोगो की मदद के लिए हाथ बढाना
अपने द्वारा किये गए अच्छे कामो का तुम कभी अहसान
मत जाताना
मेरा रब रखता हैं हिसाब पूरा तुम्हारे द्वारा किये गए कर्मो
का अपने द्वारा किये गए नेक कामो पर तुम कभी घमंड
मत करना
कुछ पाने की आश तुम कभी मत खोना, माना मुश्किल हैं
ये सफर इस सफर पर तुम अपने पाँव जमाये कभी मत
टूटना लाख आंधिया आयेगी इस सफर के दोरान तुम इन
आंधियो से डर कर अपना रास्ता मत बदलना
अपने अन्दर उठी जूनून की आग को तूम कभी बुझने मत
देना अपनी कमजोरी को ही तू अपनी ताकत में बदलना
न मुमकिन को भी तुम पालोगे बस अपनी हिम्मत को तू
टूटने मत देना
होगा तुमसे एक दिन कुछ जरुर ये बात पर हमेशा विश्वास
रखना तेरी उम्मीद तेरे रब से हैं,अपनी उम्मीद की आश को
तू हमेशा बरकरार रखना
टूटने मत देना खुद को हजारो मुश्किलो के आने पर ये
मुश्किले ही तुम्हे आंगे बढ़ने का रास्ता दिखाएगी चुनोतियो
से दर कर घबराना नहीं ये चुनोतिया ही तुझको एक दिन
तेरी मंजिल दिलाएगी

कुछ पाने की आश तुझे एक दिन शिखर तक पहुचायेगी, ये जिद ही तुझे तेरे सपनो तक तक ले जाएगी

तेरी मेहनत ही तुझे तेरे सपनो को पूरा करने में काम आएगी आज की मेहनत ही तुझे कल एक सुनहरा भविष्य दिलाएगी

आज की मेहनत कल का तोहफा हैं,अपने सपनो के लिए मेहनत कर ले बेटा तुझे किसने रोका हैं

हार कर भी देख लिया अब जीत की तैयारी हैं, बस इसी उम्मीद में मेहनत लगातार जारी हैं

बेशक कामयाब होने के लिए मेहनत करनी पड़ती हैं, क्योकि किस्मत तो जुए में आजमाई जाती हैं

हर काम को तुम इतनी सिद्दत से करो जैसे की तुम उस काम को आखिरी बार कर रहे हो, खुदा पर यकीन रखो की तुग एक दिन अपनी मंजिल को पालोगे

हमेशा एक बात याद रखना मेरे दोस्तों हिम्मत से हाराना, पर हिम्मत मत हारना

तेरी ये हिम्मत ही तुझे जीत की और ले जाएगी न मुमकिन को भी तुम मुमकिन कर दोगे, एक दिन तेरी success ही शोर मचाएगी

तेरा पुराना अनुभव ही तुझे तेरी मंजिल तक पहुचने में मदद करेगा क्या सही हैं, क्या गलत ये लोग नहीं अब तेरा वक्त तह करेगा

हर बुरे वक्त के बाद एक अच्छा वक्त आता हैं, जैसे अंधेरे के बाद एक नया सवेरा आता हैं ,बंद घडी भी यारो दिन में तो बार वक्त सही बताती हैं, दौर तेरा भी आयेगा मेरा दोस्त ये मुश्किल भरी चुनौतिया हमें यही सिखाने आती हैं कोशिश करने से मुश्किल आसान होती हैं,किस्मत तो मौका

देती हैं दोस्तों पर मेहनत चौका देती हैं
परेशानियों से घिरा आज यहाँ हर एक शक्स हैं कोई हस
कर जी रहा हैं, जिन्दगी तो कोई रोकर काट रहा हैं जिन्दगी

किसी के लिए ये सासे बहुत अनमोल हैं तो कोई मांग रहा
हैं मौत अपनी अजीब कश्मकश में चल रही हैं जिन्दगी कोई
जी रहा हैं जिन्दगी तो कोई काट रहा हैं जिन्दगी
जिन्दगी जीने की आश उनसे पूछो जो महीनो से हॉस्पिटल
में हैं, बिना औक्सीजन के सास भी नहीं ले पा रहे इन
सासों की कीमत उनसे पूछो, ठीक होने की आश में न जाने
कितने साल हॉस्पिटल में काट देते हैं बहुत मजबूत हैं, यार
वो लोग जो जीने की आश में न जाने कितनी तकलीफे झेल
जाते हैं
कुछ लोग जिन्दगी यू मौज-मौज में निकाल देते हैं, अपने
सारे गम को वो हसी में उड़ा देते हैं
इस छोटी सी जिन्दगी में न जाने कितने सपनो को पूरा
करने की आश हैं, हर कोई निकल रहा हैं इस रेश में आंगे
हर कोई अपने फिल्ड का मास्टर हैं
किसी को अपनों से प्यार हैं, किसी को सपनो से प्यार हैं,
असल में जिन्दगी मे वही खुश हैं, जिसको अपनी जिन्दगी
से प्यार हैं
रोज सुबह सूरज की किरणे हमको जिन्दगी जीने का सलीका
सिखाती हैं, और एक दिन हमको अपने सपनों को पूरा करने
के लिए दे जाती हैं
आंगे बढ़ते रहो और जिन्दगी में कुछ न कुछ करते रहो
हाथो में हाथ डाले नहीं बल्कि हाथो को काम में busy रखो
कुछ पाने की आश रखो ये आश ही हमें एक दिन हमारे

सपनो से मिलाती हैं

मेहनत करते रहो मेरे दोस्तों ये मेहनत ही तुझे एक दिन तेरे फील्ड का हीरो बनाएगी हैं

कभी रात के अधेरो में तो कभी सूरज की किरणों के साथ हमारी मेहनत जारी रहती हैं, ये तो चाहत हैं अपनी मंजिल को पाने की वर्ना नींद तो सभी को प्यारी लगती हैं

कभी रात की तन्हाई में तो काफी घोर बारिश में हम खुद से बाते करते हैं, ऐ जिन्दगी तू ही बता और कितने दिन हम अपने सपनो को पाने के लिए तपेंगे

माँ-बाप की उम्मीदे मुझसे लागी हैं, ये उम्मीद ही मुझे मेरे सपनो को पाने के लिए आंगे धकेलती हैं, अपनी मंजिल को जल्द पालू मेरी माँ मेरे लिए हर रोज ये दुआ करती हैं

पिता की एक अरसे की कमाई निकल जाती हैं, बच्चो को बेहतर भविष्य देने में बस उनकी वो मेहनत मुझे याद आती हैं, न करू बेकार उनकी मेहनत की कमाई का बस यही बात मुझे मेरे सपनो के करीब ले जाती हैं

कभी खुद को अकेला तो कभी सबके साथ रहकर कुछ अलग कर दिखाना हैं ये वादा तुम्हारा खुद से हो की एक दिन मुझे भी नाम कमाना हैं

माँ बाप के नाम से हम जाने जाते हैं इनके इसी नाम को आंगे बढाना हैं, कभी वो भी हमारे नाम से जाने जाये ये दिन तुम्हे लाना हैं ,ये दिन तुम्हे लाना हैं

कैसी भी परिस्थिथी आय हमें आंगे बढते जाना हैं, लाख रुकावाते भले ही हो इस सफ़र में बस एक चुस्की चाय की ले कर आंगे बढते जाना हैं

अपने मंजिल को पाने की इक्छा तो कभी सपनो के टूट जाने का दर सताता हैं ये डोर हैं, कुछ कर दिखाने का बस

इसी आश में इंसान मेंहनत करता जाता हैं

अपने अन्दर के इसी पागलपन को बढ़ाते जाना हैं, बस अपने सपनो को पाने के खातिर दिन रात मेहनत करते जाना हैं

रुकना नहीं तू थकना नहीं तू किसी के आंगे झुकना नहीं बस खुदा से तू फरियाद कर तू दिल से उनको याद कर बिन कीचड़ कमल मे खिलते नहीं बिन मेहनत के कुछ मिलता नहीं

अपनी इस मेहनत की आदत को तू लत में बदलता जा अपने सपनो के लिए तू दिन रात एक करता जा, अपने सपनो के लिए तू दिन रात एक करता जा

कभी होसलो की ऊँची उडान तो कभी परिन्दों की तरह बदल में उड़ता जा अपने सपनो को पाने के खातिर तू दिन रात मेहनत करते जा

तेरे अपनों की खुशी तुझसे हैं, और तेरी खुशी तेरे सपनो को पूरा करने में हैं बस इसी उम्मीद में तू अपने काम पर फोकस करता जा

2. खुद से वादा

एक वादा खुद से ऐसा हो जिसमे किसी का दिल न दुखे हो
जाये सारे मेरे अपने खुश बस खुद से एक वादा करता चला
जा

बेशक तंगी के बाद खुशादगी हैं, और गम के बाद खुशाली
हैं, ये काटो से भरा सफर हैं दोस्तों जहा फूल हैं वहा काटे
भी हैं

खुद ही खुद में डूबते चलते जा रहे हैं अपने अंदर हम बहुत
कुछ पीछें छोड़ते जा रहे कभी खुद से तो कभी अपनों से
वादा करते चलते जा रहे हैं

इस competition के दौर में अपने ही दोस्तों के साथ
competition करना अपने सपनो को पाने के लिए खुद से
वादा करना बस इस वादे को पूरा करने के लिए न जाने
कितनी चुनोतियो को झेलना पड़ता

एक वादा तू खुद से करता चला जा तेरी हर नेकी का फल
तुझे मिल जायेगा बस तू दुसरो की मदद करता चला जा
तुझे तेरी पहचान खुद मिल जाएगी बस अपने सपनो को
पाने के लिए तू मेहनत करते चले जा

तेरा ये वादा ही तुझे तेरी पहचान दिलाएगा हर मुसीबत को
पार कर जब तू अपने मंजिल को पालेगा यही वक्त ही तुझे
एक दिन mature बनाएगा

कभी खुद से तो कभी अपनों से किया गया वादा ही तुझे
ऊँचे शिखर तक ले जायेगा, अपने अंदर जूनून की चिंगारी
जला तो सुही एक दिन ये चिंगारी से पूरा शहर खाक हो

जायेगा तेरा खुद से किया गया वादा ही तुझे तेरी मंजिल तक पहुचायेगा

जब तुम्हारा नाम होता हैं न तो फिर रिश्ते भी वैसे बनते हैं, और जब आपका नाम खराब होता हैं तो खुद के रिश्तेदार भी भाग कर चले जाते हैं ये दुनिया हैं यारो यहाँ ऐसा चलता रहता हैं

इस टेंशन भरी दुनिया में खुद से किये गए वादे पर फोकस करता चला जा बहुत कुछ पा लेगा तू बस अपनी इस चाहत को पाने के लिए मेहनत करता चले जा

आज की मेहनत कल का तोहफा हैं, अपने सपनो को पूरा कर दिखा बेटा तुझे किसने रोका हैं

अपने सपनो को पूरा करने की जिद मे ये जिन्दगी निकलते जा रही हैं, किया हैं खुद से वादा वो निभाना हैं, अपने सपनो को पूरा करके दिखाना हैं

इस वादे से न जाने कितनो की उम्मीद लागी हैं अपने सपनो को पूरा करने के लिए न जाने कितने रातो की नींदे गवाई हैं

खुद से ये वादा करना मुझे अच्छा लगता हैं, अपनी जिद को पूरा करना मुझे अच्छा लगता हैं, मिल जाये मुझे मेरी मंजिल जल्द बस इसलिए मुझे मेहनत करना अच्छा लगता है

3. एक कदम सफलता की ओर

एक कदम सफलता की ओर बढ़ता जा रहा हैं कभी अपनों से तो काफी खुद से ये जंग चलते जा रही हैं

हर एक कदम एक नया पैगाम देता जा रहा हैं ये मुझे मेरी सफलता की ओर ले जाते जा रहा हैं

काफी दुसरो को तो काफी अपने को देख कर आंगे बढ़ने का जी चाह रहा हैं मेरा उठाया हर एक कदम अब सफलता की ओर ले जा रहा हैं

कभी सपने टूट जाने का दर तो कभी हिम्मत हार जाने का डर मुझे सता रहा हैं पर ये डर के साथ बढ़ाया गया हर एक कदम मुझे सफलता की ओर ले जा रहा हैं

दिल में कुछ कर दिखने तो कभी भीड़ से अलग हो कर कुछ करने का जी चाह रहा हैं competition के इस दौर में अब हर एक शख्स कदम से कदम मिला रहा हैं

दुसरो के द्वारा बढ़ाया गया कदम हमे एक नई सीख देते जा रहा हैं, कदमो को जमा कर मत बेठे रहो उठो और कुछ कर अलग कर दिखाओ यही बात हमें वक्त सिखा रहा हैं

अपने अंदर की सलाहियत को पहचानो यही तुझे एक नया रास्ता दिखा रहा हैं,कुछ कर दिखाओ यारो ये मोका हाथ से निकलते जा रहा हैं

सफलता के इस दौर में हर कोई अपना फायदा चाह रहा हैं, हर कोई अपनी तरक्की के लिए आंगे बढ़ता जा रहा हैं

कोई हस कर तो कोई रो कर चुनोतियो का सामना कर

रहा हैं कोई खुद में उलझा हैं तो कोई दुसरो से उलझ रहा हैं,अपनी जीत के लिए आज हर इंसान तप रहा हैं

अपने लिए हर कोई एक न्यू स्कीम बना रहा हैं इन स्कीम के चक्कर में एक कदम सफलता की ओर बढ़ा रहा हैं

काफी महफिल में तो कभी अकेले में गुनगुना रहा हैं कोई खुशी के तो कोई गम के तराने गा रहा हैं

कोई अपनी सफलता की मिसाल दे रहा हैं तो कोई असफलताओ से घबरा रहा हैं असल में यहाँ हर इंसान जिन्दगी से कुछ सिख रहा हैं

सिखने और सिखाने के इस युग में ना जाने इंसान कितनी बार गिर रहा हैं, कोई अपने जिन्दगी में आगे बढ रहा हैं तो कोई जिन्दगी से सिख रहा हैं

अपनी इस दुनिया में हर कोई कुछ नया कर रहा हैं कोई किसी की तरक्की से जल रहा तो कोई अपनी ही तरक्की में लगा हैं

जिन्दगी की इस रेस में न जाने कितने लोग शायर बने बेठे हैं, कोई अपनी मोहब्बत तो कोई अपने सपने के पीछे पागल बने बेठे हैं

कभी अपनी दुनिया में तो कभी अपने घर के गुमशुम हैं, असल में यहाँ हर शख्स अपनी जिन्दगी में मसरूफ हैं

दुनियादारी छोड़ कर अपने लक्ष्य के पीछे भागो लोगो का सिर्फ वक्त आता हैं, तुम्हारा दौर आयेगा

एक याद हेमशा याद रखना दोस्तों सफलता एक दिन में नहीं मिलती लेकिन एक दिन जरुर मिलती हैं

हर महान सफलता के पीछे दर्द भरी मेहनत होती हैं, और हर दर्द भरी मेहनत का अंत कामयाबी होता हैं

तैरना सीखना हैं तो पानी पर उतरना होगा किनारे बैठ कर

कोई गोताखोर नहीं बनता

जिन्दगी मे ऐसा मुकाम हासिल करो जो आज तुम्हे देखना पसंद नहीं करते वो कल तुम्हे देखने को तरस जाये, तुम्हारी सफलता ऐसा शोर मचाये की सामने वाला तुम्हे देख कर ही हैरान हो जाये

कुछ इस तरह इस सफर की शुरुवात करो की तुम्हारा बढ़ाया गया हर कदम तुम्हे सफलता की ओर ले जाये

तेरे बढ़ाया हुआ कदम ही तुझे एक दिन तेरी मंजिल तक पहुचाएंगे तुझे चिड़ाने वाले ही एक दिन तुझसे आ कर हाथ मिलायेंगे

देखना भी पसंद नहीं करते जो लोग तुझे एक दिन वो भी तेरी फोटो अपनी स्टेटस पर लगायेंगे वक्त तो आने दे दोस्त एक दिन तेरी सफलता का शोर वो खुद मचाएंगे

देखते जाओ तुम ऐसा भी एक दिन, एक दिन तो जरुर आयेगा हमसे इस दुनिया में हर कोई जब हाथ मिलाएगा एक कदम सफलता की ओर बढ़ा तो सही तू खुद बा खुद मंजिल तक पहुच जायेगा

4. एक जूनून ऐसा भी

एक जूनून ऐसा हो जिसमे सब कुछ तेरे जैसा हो वो जूनून कुछ ऐसा हो जिसमे तेरा सपना हो

हर काम जूनून से भरा हो तेरी मेहनत कुछ ऐसी हो तेरा हर सपना पूरा हो जूनून कुछ ऐसा हो

मंजिल को पाने का जूनून कुछ ऐसा हो नींद पूरी हो न हो, पर सपनो को पूरा करने का भूत सर पर सवार हो

जूनून से भरी तेरी हर कहानी हो तू अपने ही सपने की रानी हो कर तू कुछ इस तरह का काम की हर एक के जुबान में बस तेरी कहानी हो, बस तेरी कहानी हो

कभी अपने दिल को तो कभी अपने आप को इस जूनून का मतलब समझाओ खेल ही खेल में कब पहुच जाओगे तुम मंजिल तक बस तुम अपनी कीमत बढाओ

जूनून से किया गया तेरा हर काम तुझे एक नई पहचान दे कर जायेगा ये जूनून ही तुझे एक दिन तुझे तेरी मंजिल तक ले जायेगा

तेरा जूनून ही तुझे एक दिन अच्छा इंसान बनायगा तेरी आँखों से गिरा एक-एक आँसू तेरी कीमत बढ़ाएगा

हीरा जितना घिसता हैं, उतना ही ज्यादा चमकता हैं, तेरा घिसना ही तेरी वैल्यू को और बढ़ाएगा तेरे द्वारा किया गया काम तुझे तेरी कीमत बतलायेगा

मुश्किल भरे रास्ते में भी तू अपने कदम आंगे बढ़ाते जाना ये सोच कर तू अपना हर काम करते जाना नेहरो से डर कर नौका पार नहीं होती कोशिश करने वालो की कभी हार

नहीं होती

तेरी मेहनत का फल भी तू एक दिन जरूर पायेगा अपने सपनो को पूरा करने में झोक दे

रब को अपना वकील बनाने वाला व्यक्ति जिन्दगी का हर मुकदमा जरूर जीतता हैं, वह भी मुफ्त में जैसे हो वैसे ही रहो यारो ओरिजिनल की कीमत दुब्लिकाते से ज्यादा होती हैं

काम करते वक्त थोड़ा स्ट्रेस तो आयेगा यारो एक बात हमेशा याद रखना अगर तुम आज स्ट्रेस नहीं झेल सकते तो कल सक्सेस भी नहीं झेल पाओगे

किसी दुसरे से तू खुद की तुलना न कर अपने आप को तू स्ट्रोंग बना तेरे नसीब का तू ले कर जाएगा बस तू खुद को इस काबिल बना

सोशल डिस्टेंस के दौर में तू अपनी बुरी आदतों से डिस्टेंस बना अपने अंदर की स्किल को डेवलेप कर तू अपने फिल्ड का हीरो बन जा

एक जूनून कुछ ऐसा जिसमे सब कुछ तेरी जीत के मुताबिक हो इस खेल की तेयारी कुछ ऐसी हो जिसमे तेरी खुशी शामिल हो

अपने इस जूनून को बढ़ाते जाना हैं, न मिलने वाली चीज को भी पाने की चाह में डूबता जाना हैं, तेरा जूनून ही तुझे आंगे ले जायेगा ये जूनून ही तुझे तेरी मंजिल तक ले जायेगा

कभी हस कर तो कभी रो कर अपना होश संभाला हैं हर इंसान ने अपना रंग जो दिखाया हैं

जूनून -जूनून में कुछ ऐसा कर जाओ जीत के तुम सारे रिकार्ड तोड़ जाओ

जूनून ही जूनून में हम अपने लिए न जाने कितनो से भिड़ते जा रहे हैं, एक सपने के लिए ही हम न जाने कितनी ठोकरे खा रहे

5. कुछ इस तरह

कुछ इस तरह मैंने अपनी जिन्दगी को आसन कर लिया
किसी से माफ़ी मांग ली तो किसी को माफ कर दिया

कुछ इस तरह अपने आपको बदलते जा रहे हैं कुछ पाने की
आश में हम खुद को खोते जा रहे हैं

कुछ इस तरह हम अपने लिए बहुत कुछ सोचते जा रहे
मंजिल मिले या न मिले पर पाने की चाह में हम काम
लगातार करते जा रहे हैं

मंजिल पाने की तमन्ना में न जाने कितने सपने सजाय
बेठे हैं, मुझसे जायदा तो मेरे घर वाले उम्मीद लगाये बेठे
हैं

कभी खुद पर तो कभी दुसरो को देख कुछ सिखने को
मिलता हैं, कैसे मंजिल को जल्द हासिल कर लू ये सवाल
मेरे मन में हर पल रहता हैं

इन सवालो से भरी दुनिया में खुद ही घिर चुके हैं, इसका
एग्जाम कब होगा पता नहीं पर खुद ही इन सवालो से
उलझ पड़े हैं

कुछ इस तरह का सवाल हर पल मेरे मन में रहता हैं, कैसे
हो जाये जिन्दगी की सब मुश्किले आसान ये सवाल मेरे
मन में हमेशा रहता हैं

अपने इस ख्याल को आंगे ले कर जाना हैं जो नहीं किया
जिन्दगी में अभी तक अब वो करके दिखाना हैं

होगा ये मुझसे जरुर एक दिन बस इस उम्मीद से कुछ इस
तरह मेहनत लगातार जारी हैं बस इसलिए ये सफ़र मेरा

जारी हैं क्योकि अभी अब आगे आने वाली मंजिल को पाने
की तैयारी हैं

हर आफत से बचे रहू ये मुसीबत बहुत भारी हैं, कुछ इस
तरह सारी मुसीबते हल हो जाये बस यही दुआ लगातार
जारी हैं

कुछ इस तरह रब से उम्मीद जारी हैं, होगी मेरे दिल की
हर एक दुआ पूरी उम्मीद जो मेरे रब से लागी हैं

6. उम्मीदो की डोर

उम्मीदों की डोर बहुत हसीन हैं ये वो डोर हैं, जिसमे एक आश दिखाई देती हैं,

कभी खुद से तो कभी अपने आप में एक उम्मीद की किरण दिखाई देती है

सूरज की किरणे एक नया सन्देश लेते हुए आती हैं, हर एक किरण उम्मीदों की तरफ रुख कराती हैं

मतलब की इस दुनिया में न जाने उम्मीद फिर क्यों गैरो से लग जाती हैं, यहाँ अपने ही साँप बन कर डसते हैं, फिर क्यों ये उम्मीद की डोर गैरो से लगाई जाती है

कभी गाँव का तो कभी शहर की गलियों का रुख करते हुए फिरते हैं, रोजगार की उम्मीद से न जाने कितने नौजवान भटकते हुए फिरते हैं

इसी उम्मीद से की एक दिन मिल जाएगा कोई न कोई काम बस ये ही सोच कर न जाने कितने नौजवान रोज घर से निकलते हैं

कभी नींद अधूरी रह जाती हैं, तो कभी राते काम पड़ जाती हैं, मंजिल को पाने की चाह में अक्सर खाने में देरी हो जाती हैं

हर तरफ अधेरा हैं, फिर भी एक उम्मीद की किरण दिखाई देती हैं, मेरे अपनों को मुझसे बहुत उम्मीद हैं बस यही बात मुझे हर जगह सुनाई देती हैं

हर तरफ उम्मीदों की लहर का नशा हैं, ये नशा ही एक दिन तुझे जीत की ओर ले जायेगा इस उम्मीद में आश लगाये

बैठे हैं, की एक दिन वक्त हमारा भी आयेगा

इन उम्मीदों की डोर ने बहुत हिम्मत दी हैं, तू भी कुछ कर सकता हैं बस यही बात ने बहुत हौसला दिया हैं उम्मीद, उम्मीद बस हर तरफ एक उम्मीद ही दिख रही हैं ये उम्मीद कभी न टूटे मेरी मंजिल मुझसे ये कह रही हैं

कभी सफर ही सफर में न जाने कितने साल गुजर गए, इस दौर में न हम कितने से दूर निकल गए, कोई मिलने की आश में सफर में निकला, तो कोई घुमने की चाह में सफ़र में निकला असल में हीरो वाही हैं जो खुद के सपनो को पूरा करने के लिए सफर में निकला

उम्मीद की डोर के लिए इंसानो ने बहुत कुछ पीछे छोड कर आंगे निकला, कभी अपनी आदतों को छोड़ा, तो किसी ने अपनों को छोड़ा, चंद नोटों के खातिर इंसान अपनों से दूर रहा

मुस्कुराते हुए हर जख्म सह लेते हैं, हम अपनों की हँसी के लिए हर दर्द झेल लेते हैं नम आँखों में भी खुशी रहती हैं, क्योंकि मेरे अपनों की उम्मीद जो मुझसे होती हैं

उम्मीदों की इस चक्र में फसते चले जा रहे हैं पता नहीं हम क्यों अपने ही सपनो से इतना उलझते चले जाते हैं

उम्मीद ही उम्मीद हैं, अब तो बस इसलिए हम अपना पूरा फोकस अपने काम में देते जा रहे हैं, एक दिन ये उम्मीद की डोर जरुर सफल होगी बस इसी सोच में हम अपना वक्त अपने काम में देते जा रहे है

ये सफर की शुरुवात में कांटे बहुत हैं, रास्ता जो गुलाब को होकर जा रहा हैं, आज पैरो में छाले हैं, कल जीत का मलहम लगाएगा तेरा उठाया हुआ हर एक कदम तुझे तेरी मंजिल तक ले जायेगा

ये उम्मीदों की डोर बहुत सुहानी हैं, तुझे अपनी एक अलग
पहचान बनानी हैं

7. वक्त के साथ

वक्त के साथ चलना सीखिए ये वक्त तुम्हे बहुत आंगे तक
ले जायेगा, कर लिए तुम वक्त का सही उपयोग ये वक्त
ही तुम्हे निखारेगा

वक्त के साथ चलने में बहुत फायदा हैं, यारो ये तुम्हे बहुत
कुछ सिखाता हैं ,कभी हासता हैं, कभी रुलाता हैं, तो कभी
गिरा कर उठाता हैं

ये वक्त हमें अपनी वैल्यू इनक्रीस करना सीखाता हैं वक्त के
साथ जो चलना सीख जाता हैं, वो ही असली हीरो कहलाता
हैं

कभी सड़को पर तो कभी नुक्कड़ो पर न करो तुम अपनी
जिन्दगी बर्बाद ये वक्त की धार हैं, ये ही समय तुझे तेरी
अलग पहचान देकर जायेगा

वक्त के साथ-साथ सब ठीक हो जायेगा ये दिलाशा तू खुद
को कब तक देता जायेगा एक दिन वक्त भी खत्म हो
जायेगा अब तू ही बता की तेरा वक्त कब आयेगा, तेरा
वक्त कब आयेगा

वक्त के साथ तू खुद को बदलता जा अपने आपको तू खुद
चमका ये वक्त ही तुझे तेरी पहचान दिलाएगा कर लिया
समय का सदुपयोग तो तू खुद अपने आपको विजय पायेगा,
तू खुद अपने आपको विजय पायेगा

हर मुसीबत का हल होता हैं, करो नेक इरादे से मेहनत तो
दिल का चाहा पूरा जरुर होता हैं

कुछ अपने लिए तो कुछ अपनों के लिए वक्त निकालना हैं

इस वक्त के साथ हमें अपनी एक अलग पहचान बनाना हैं
वक्त के साथ न जाने कितना कुछ बदल गया कभी दुनिया
बदल गयी तो कभी इंसान बदल गया नहीं बदला तो माँ-
बाप का प्यार नहीं बदला
हर आफत से तू जल्द छुटकारा पायेगा वक्त के साथ चलता
जा लोग तेरी खुद मिसाल देंगे तू उस काबिल तो बन वो
खुद तुझे सलाम देंगे

8. एक सफर ऐसा भी

एक सफर ऐसा हो जिसमे सब कुछ तेरे जैसा हो, नदी का एक किनारा हो दिल ये आवारा हो कभी अपने तो कभी सपने के लिए ये सफर हो

इस सफर की शुरुवात कुछ ऐसी हो, जिसमे मंजिल को पाने की बस चाह हो इस सफ़र के दोरान न थकान हो, मंजिल को पाने की चाह हो, बस मंजिल को पाने की चाह हो

कभी रास्ते में चलते-चलते थकान हो तो अपने सपनो को याद कर लेना सपनो को पूरा करने की ललक तेरी थकान मिटाएगी

इस सफर के दौरान तू बहुत कुछ सीखेगा ये सिखने की कला ही तुझे बहुत कुछ दिलाएगी, इस सफर के दोरान हौसला बनाये रखना मेरे दोस्त ये हौसलों की उड़ान ही तुझे तेरी अखिरी मंजिल तक ले जायेगी

अकेले निकला हैं,सफर में तू ये अकेलापन ही तेरी ताकत बढ़ाएगा इस सफर में ही तू खुद को पहचानेगा

कभी घबराएगा तो कभी गिरेगा इस सफर के दौरान तू खुद से बहुत जंग करेगा

मंजिल को पाने के लिए तू तमाम कोशिशे करेगा ये कोशिशे ही तेरी उम्मीद जगाएगी मेहनत करने की आदत ही तुझे तेरी मंजिल तक पहूचायेगी

कभी धीरे तो कभी तेज इस सफर में तेरी चाल रहेगी, चलता जायेगा सफर में तू यू इस तरह तो एक दिन जीत बेशक तेरी ही होगी

इस सफर में मजा भी बहुत हैं, दोस्तों क्योकि आने वाली मंजिल जो साफ दिखाई देती हैं कभी अकेले तो कभी साथ में चलते जाना दोस्तों ये मंजिल बहुत खुबसूरत दिखाई देती हैं

ये सफर में तू न जाने कब अपनी मंजिल तक पहुच जायेगा बस आंगे बढ़ते जा ये सफर ही तुझे तेरी मंजिल दिखायेगा कभी अपनों की तो कभी गैरो की तुझे देख कर जलेगी, ये सफर में न जाने कितनो से तेरा पाला पड़ेगा, बस आंगे बढते जाना मेरे दोस्त इस सफर में तू न जाने कितनो से तेरा सामना होगा

आगे आने वाली मंजिल बहुत हसीन होगी वो भी क्या आलम होगा जब जीत तेरे करीब होगी जब जीत तेरे करीब होगी

सफर का मजा भी तुझे उस वक्त बहुत आयेगा जब तू अपनी आने वाली मंजिल को करीब पायेगा, फिर तू अपने सफर की सारी थकान भूल जायेगा जिस दिन अपने सपनो को पालेगा

हर नए सफर की शुरुवात किसी मकसद से होती हैं, वो मकसद को पूरा करने की तू जब ठानेगा तभी तू सफर में निकल पायेगा, तभी तू सफर में निकल पायेगा

9. एक मौका

एक मौका खुद को दो ये मौका ही तुम्हे चौका लगाना सिखाएगा, कैसे बनेगा तू अपने फील्ड का खिलाडी ये मौका ही तुझे रास्ता दिखायेगा

जिन्दगी भी हमें कई बार मौका देती हैं, कभी रुलाती हैं कभी हँसाती हैं, ये जिन्दगी हमें बहुत कुछ सिखाती हैं, कभी ठोकरों पर ठोकर देते चली जाती हैं, ये जिन्दगी हमें मुसीबतों से लड़ना सिखाती हैं,ये जिन्दगी हमें मुसीबतों से लड़ना सिखाती हैं

ये जिन्दगी हर इंसान को मौका देती हैं, जो कर गया इस मौके का सही उपयोग उसे जिन्दगी बहुत कुछ देती हैं

यही मौका तेरी जिन्दगी बनाएगा तू करता रह मेहनत अपने सपनो को पाने की यही मौका तुम्हे कामयाब

कभी अकेले तो कभी यारो के साथ बैठ कर न जाने कितने मौके गवाए हैं, और इसी मौके का सही उपयोग कर न जाने कितनो ने अपनी नसीब चमकाए हैं

मेरे रब ने हर किसी के नसीब को अच्छा बनाया हैं, जो कर गया दिमाग का सही इस्तमाल बस ये समझो उसने जिन्दगी को अपनी अच्छी बनाया हैं

कभी लड़ कर तो कभी भाग दोड़ में न जाने हमने कितने मौको को अपने हाथ से फिसलता देखा हैं

हमने न जाने कितने बार खुद को गलत और दुसरो को सही होते देखा हैं, ये मौक- मौके की बात हैं यारो हमने अपने आपको बहुत बार गिरते हुए देखा हैं

इस मौके को अब नहीं गवाना हैं कर गए थे जो गलती
पहले उस गलती को अब नहीं दोहराना हैं

समझ गए हैं मौके की चाल को भी अब अपनी जिन्दगी
सुधारना हैं, इसी जिन्दगी में मुझे अब अपने लक्ष्य को पाना
हैं

तू मुसीबत में अकेला हैं तो हैरत कैसी डूबती कसती में हर
कोई नहीं उतरता हैं

ये खेल तमाशा लगता हैं, तकदीर के गुलशन का शायद
कांटेट हैं मेरे आंचल के लिए और फूल तेरे स्वागत के लिए

ये मौका ही तुझे तेरी पहचान दे रहा हैं चुना हैं रास्ता तूने
जो ये रास्ता तुझे एक नई उम्मीद दे रहा हैं

एक लाइफ मिली हैं हमको अब उसमे खुश रहना हैं जो हाथ
छुडा कर भग दे बस नदियों सा बहना हैं

ये मौके की नजाकत को समझना हैं, इस मौके का सही
इस्तमाल कर अब तुझे इतिहास रचना हैं

तेरी की गयी कोशिश तुझे इनाम देगी कर गया मौके का
सही उपयोग तेरी तरक्की लोगो को चौका देगी

10. एक मौड़

एक मौड़ से जिन्दगी की शुरुवात हुई हैं, दुसरे मौड़ पर
जिन्दगी आ रुकी हैं
इस मौड़ ही मौड़ में न जाने जिन्दगी कहा जा पहुची हैं
इस मौड़ में तुझे अपने आपको खुद संभालना हैं, कई बार
गिरेगा गिर कर तुझे खुद को उठाना हैं
मुसीबत से डरना नहीं तुझको बल्कि मुसीबत से खुद को
बचाना हैं, दूसरो से शिकायत के अलावा अपनी एक अलग
पहचान बनाना हैं
हर मौड़ पर तुझे तेरी एक नई राह दिखेगी इन राहों से तुझे
तेरी मंजिल मिलेगी इन राहों पर चलते जाना यही से तुझे
तेरी मंजिल मिलेगी
एक मौड़ पर आ कर तू रुक जाना मत बस आंगे बढ़ते
जाना तू घबराना मत कभी तन्हाई में तो कभी महफिल में
तू खुद से कतराना मत बस आंगे बढ़ते जाना घबराना मत

हर मौड़ पर तुझे तेरी पहचान मिलेगी देर में ही सही
पर तुझे कामयाबी जरुर मिलेगी किस्मत का सितारा जरुर
चमकेगा बस तू मेहनत करते जा सितारे की तरह तू भी
चमकेगा
हर एक नए मौड़ पर तुझे सिखने को जरुर मिलेगा मंजिल
मिले न मिले पर एक्सपीरियंस जरुर मिलेगा
तेरे अपने भी तेरे करीब जल्द आएंगे तुम्हरी कामयबी के
चर्चे वो खुद सुनायेंगे सब्र रखना मेरे दोस्त ये मौड़ पर न

जाने कितनो के रंग बदलेंगे

जो खिलाफ हैं, तेरे वो भी तेरे साथ चलेंगे हर मौड़ पर तुझे
अलग-अलग लोग मिलेंगे कुछ तेरे दोस्त होंगे तो कुछ तेरे
दुश्मन बनेंगे बड़ी होशियारी से काम लेना मेरे दोस्त तेरी
कामयाबी में न जाने कितनो के दिल जलेंगे

हर एक मौड़ पर आंगे बढ़ते जाना तू कांटो के साथ फूल भी
मिलेंगे

किसी के मीठे बोल हैं, किसी की नियत में झोल हैं यह
दुनिया गोल हैं यहाँ सब के डबल रोल हैं

ठोकरे खा कर ही इंसान संभालता हैं, इन ठोकरों से न जाने
कितने सबक मिलेंगे बुरे वक्त में जो दूर हो गये थे, अच्छा
वक्त तो आने दे वो सब पहले तुझे फोने करेंगे

11. जीत की तैयारी

जीत की तैयारी जारी हैं, क्योकि मेहनत लगातार जारी हैं
सर्दी वाली रातो में एक कप चाय के साथ मेहनत जारी हैं,
क्योकि जीत की तैयारी हैं

कभी दिन भर तो कभी रातो में तो कभी बारिश की बूंदों के
साथ मेरा ये सफर जारी हैं क्योकि अब जीत की बारी हैं

कभी भीड़ में तो कभी भीड़ से हट कर तुझे जीत की तैयारी
करनी होगी बड़ा सपना तूने देखा हैं, तो इसको पूरा करने
की तैयारी भी तुझे करनी होगी

उम्मीद मत छोड़ना दोस्तों आज से बेहतर तुम्हारा कल
होगा

जारी रहेगी तुम्हारी मेहनत यू इस तरह तो बस जीत की
बारी तेरी हैं डटा रहे ये रास्तो में इस तरह की आंगे आने
वाली अगली मंजिल तेरी हैं

सपने सच करने की अब तेरी बारी हैं, तू सारे जहा से प्यारा
भारत का हैं नागरिक अपने देश के नाम को यू ऊचा करते
जाना हैं,बस रिकॉर्ड पे रिकॉर्ड तोड़ते जाना हैं

जीत की फिकर छोड़ सौ परसेंट अपना मेहनत पर देते जा
रिजल्ट खुद तेरे हिसाब से आयेगा बस तू पूरा फोकस अपने
सपनो को पूरा करने में देते जा

तेरी मेहनत ही तुझे जीत दिलाएगी बस यही उम्मीद तुझे
तेरे सपनो के करीब ले जाएगी

कई बार परिस्थिस्थी तेरे हिसाब से विपरीत होगी तू घबराना
मत मेरे दोस्त आने वाली मंजिल बहुत हसीन होगी

बस इसी खुशी में मेरी तेयारी जारी हैं,आने वाली मंजिल को
जल्द पालू इसी सोच में मेहनत लगातार जारी हैं

जीत के बारे में सोच कर मन ही मन मुस्काते हैं, वो मंजर
क्या होगा जब जीत हमारी होगी बस यही सोच कर मेहनत
करते जाते हैं

जीत की तैयारी में लगातार जुटे रहते हैं, बस इसी उम्मीद
से की एक दिन जीत हमारी होगी ये सोच कर हम प्रयत्न
करते हैं

कभी मेहनत की रफ़्तार धीरे रहती हैं तो कभी तेज रहती हैं
बस कोशिश लगतार जारी रहती हैं

कभी अपने तो कभी दोस्त हमारे अक्सर पूछते रहते हैं,कैसे
चल रही हैं जीत की तेयारी ये सवाल वो अक्सर किया करते
हैं

कभी इन सवालो के घेरे में हम अक्सर उलझे रहते हैं जीत
मिलेगी भी की नहीं ये अक्सर हम खुद से पूछा करते हैं

जीत की चाह में हम मेहनत दुगनी करते हैं मंजिल तक
जल्द पहुच जाए ये दुआ हम रोज करते हैं, ये दुआ हम
रोज करते हैं

12. हार का सामना

जीत को पाना तो आसान हैं,पर हार का सामना करना मुश्किल होता हैं, हार की बात सोच कर ही मन उदास हो जाता हैं

कभी हार के कभी जीत के कुछ हसीं लम्हे याद आते हैं, भले हम न जीते खेल की हर बाजी हम अपनी हार से बहुत कुछ सीख जाते हैं

असफलताओ से ही इंसान आंगे बढ़ना सीखता हैं, बड़ा से बड़ा व्यक्ति हार कर ही आंगे बढ़ता हैं, कभी पास बैठा इंसान भी मंजिल तक नहीं पहुच पता और कभी मिलो दूर रहने वाला इंसान भी लम्बा सफर तह करता हैं

हारना भी जरुरी हैं,यारो ये हार का मंजर भी हसीन लगता हैं ये हार ही एक दिन तुझे जितना सिखाएगी बिना डरे कर गया इस दर का सामना तो एक दिन तुझे तेरी मंजिल दिलाएगी

कई बार हारे हैं, जिन्दगी में अब जीत की तैयारी हैं, हर का सामना करते करते अब हम बन गए खिलाड़ी हैं, कभी अपनों से तो कभी दुसरो से करते खुद को काम्परे हैं, हार के सामना से डरते क्यों हम हैं

ये जीवन का एक खेल हैं दोस्तों यहाँ हार जीत तो लगे रहती हैं,आंगे बढ़ते जाओ यी हार जीत ही जिन्दगी जीने का एक सही तरीका सिखाएगी तेरी मेहनत करने की आदत ही तुझे एक दिन तेरी मंजिल दिलाएगी

13. आरजू

एक आरजू मेरे दिल में उठ रही हैं, मंजिल को जल्द पाने की जिद हो रही है

इस आरजू ने मेरा जीना हराम कर रखा है मंजिल को पाने की आरजू में मेने अपना होश गवा बैठे हैं

कभी दिन भर तो कभी रात की तन्हाई में अक्सर एक आरजू करती हु जल्द मिल जाए मुझे मेरी मंजिल बस हर दुआ में ये फरियाद करती हूं

सपनो को पूरा करने की आरजू मेरे मन मे हमेशा रहती है, जल्द कामयाब कर दे मेरे मालिक मुझको मेरी मां मेरे लिए हर रोज दुआ करती है

किसी की सपने न टूटे ये आरजू है मेरी हो हर एक की दिल की तमन्ना पूरी यही आरजू हैं मेरी

मुसीबत के पल में भी हम मुस्कुरा लिया करते है, एक दिन सब गमों से मिलेगी निजात बस इसी आरजू में हम फकीर रब की रहमत का इंतजार करते हैं

आरजू हैं, यही मेरे दिल में की मेरा सपना पूरा जल्द हो जाए करू में जरूतमंद लोगो की मदद रब मुझे इस तरह काबिल बनाए

कोई मांगने वाला मेरे घर से कभी खाली हाथ न जाए या रब इतना नवाज तू मुझको हर इंसान मेरे घर से मुस्कुराता हुआ जाए

कभी खुद की गलती तो कभी दूसरो की गलती देख कर बहुत कुछ सीखा हैं मैंने किताबो से ज्यादा अपनी जिंदगी

से सीखा है

हर मुसीबत का का हल मिल जाता है, जब कोशिश करो
सच्चे मन से तो पत्थर भी मोम बन जाता है

अपने आरजू को तुम कभी खोने मत दो टूट कर बिखर
जाओ पर खुद को खोने मत दो

ये हार जीत की दुनिया तुम्हे अपना पहचान बनाना हैं हो
नही होने वाला था तुमसे अब वो कर के दिखाना

14. गुमराह

कुछ लोग तेरे साथ होंगे तो कुछ खिलाफ होंगे कुछ तुझे तेरी मंजिल से गुमराह करेंगे इस घड़ी में तू संयम से काम लेना

नेगेटिव बातो करने वालो से थोड़ा दूरी बना कर चलना हैं, गुमराह करने वालो से थोड़ा हमें बच कर जो चलना है

इस मल्टी टैलेंट दुनिया में हमको अपने टैलेंट को पहचाना हैं

इस टैलेंट के दम पर पूरी दुनिया में अपनी एक अलग पहचान बनानी है तू भी अपने नाम से जाना जा बस कुछ इस तरह तुझे अपनी एक अलग सी पहचान बनानी है

इस गुमराह के दौर में खुद को बहुत संभाल कर रखना हैं, अपने सपनो को पूरा करने की कोशिश हमेशा जारी रखना हैं

अपने लक्ष्य से नजर न हटे यह हर दम प्रयास करना है, तेरी मेहनत का रिकॉर्ड टूटे बस इसी रह पूरे लगन से काम करना हैं

हमेशा खुद को बिजी रखना हैं, खाली दिमाग शैतान का घर उसकी जगह नही देना हैं

छोटी छोटी मुस्किलो से हमे घबराना नहीं डट कर करना हैं सामना हमे हार मानना नही

मंजिल से गुमराह करने के लिए बहुत सी चीजे सामने आयेगी उन पर नजर गड़ाना नही रख हौसला तुझे अपने सपनो को एक दिन पूरा करके दिखाना हैं

कभी खुद के लिए तो कभी दूसरो के लिए वक्त निकलना हैं, इस गुमराह वाली दुनिया में मुझे सही रास्ते में चल कर मंजिल को पाना हैं

गुमराही का रास्ता छोड़ एक अलग सा रास्ता बनाना हैं, कभी न दिल हो मेरा गुमराह बस इसलिए हमेशा नेक काम करते जाना है

आने वाली मुश्किलो से लड़ने के लिए हमेशा खुद को तेयार रखना हैं जो न हो सका अब उसको कर दिखाने का प्रयास करना हैं

गुमराही की दुनिया में खुद को संभाल कर रखना हैं मंजिल की तलाश में अब सफ़र में निकालना हैं

इस सफर में बहुत लोग गुमराह करने वाले मिलेंगे बिना मन भटकाए अपने लक्ष्य पर काम करते जाना हैं, जिन्दगी में इस सुनहरे अवसर को नहीं गवाना

हर आने वाली मुसीबत से अपना सेल्फ कॉफिडेंट बढाना हैं, घटिया और मतलबी लोगो को अपनी जिन्दगी से आल आउट करके दिखाना हैं

15. बनावटी

किस पर भरोसा करे यारो इस दुनिया में लोग बनावटी होते
चले जा रहे हैं, कभी धीरे तो कभी तेज लोग अपने-अपने
मतलब के लिए एक दुसरे का फायदा उठाते जा रहे हैं
नफरत की दुनिया में चालाकियो के घेरे हैं, यहाँ वो लोग
रहते हैं, जो तेरे मुँह पे तेरे और मेरे मुँह पे मेरे हैं
इस बनावटी दुनिया में खुद को ओरिजिनल रखना हैं,
ओरिजिनल version की बात ही अलग होती
ज्यादा घुलने मिलने वालो से थोड़ा दूरिया बना ली हैं, मैंने
असल में मैंने अपनी एक अलग रह बना ली हैं
डर सा लगता हैं इस मतलबी दुनिया से यारो अपने पन का
ढोंग करने वाले ही अक्सर सांप बनकर दस्ते हैं

16. पहचान

वक्त से लड़ कर आगे बढ़ते जाना हैं, इस सफर में मुझे
अपनी एक पहचान बनानी हैं

कुछ नकली चेहरे भी होंगे तेरे आस पास उनको पहचाने का
हुनर तुझे सीखना होगा

करते हैं, जो अपनेपन का ढोंग सदा उन ढोंगियों के ढोंग
को समझना होगा जिस राह में निकला हैं तू उस राह की
पहचान करना होगा

कभी जल्दी तो कभी देर भी लग सकती हैं,मंजिल पाने में
मंजिल को पाने के लिए तुझे थोड़ा सब्र रखना होगा

एक नए सफर की शुरुवात करने से पहले तुझे उस सफर
की रास्तों की पहचान करना होगा

कभी अपनी तो कभी अपनो की चिंता तुझे सताएगी इस
चिंता में तुझे संयम से काम लेना होगा तेरा यह संयम ही
तुझे हौसला देगा

खुद की तरक्की में यू इस तरह मगन होकर तुझे पहचान
करनी होगी कैसे मिले तुझे तेरी मंजिल उस मंजिल की
तलाश करनी होगा

इस अनजान सी दुनिया में तुझे खुद को जानना होगा कैसे
मिले तुझे तेरी मंजिल बस उस मंजिल के बारे में हर वक्त
सोचना होगा

खुद की पहचान बनाने में इतना वक्त लगा देना की दूसरो
से जलने का मौका न मिले

कर देना लाइफ में कुछ ऐसा की तुम्हे देख तुम्हारे अपनो

के लब खिले

हर एक दिन तेरी लिए चुनौतियों भरा होगा इस दिन में
तुझे इन चुनौतियों को पहचान बड़ी हिम्मत से काम लेना
होगा

पहचान बनाने के लिए तुझे अपने में ही लाख सुधार करना
होगा कभी दिन भर तो कभी रात की सर्द हवाओं के बीच
तुझे अपना काम करना होगा

तेरी ये मेहनत ही तुझे तेरी पहचान एक दिन जरूर दिलाएगी
देर रात तक की गई मेहनत तुझे एक दिन जीत जरूर
दिलाएगी

रोते हुए चेहरे पर भी एक अलग मुस्कान छोड़ जायेगी तेरी
पहचान कुछ ऐसे अपना जादू चलाएगी

कभी खुद से तो कभी अपने से ये एक ऐसा काम करवायेगी
फायदा उठाने वाली दुनिया में तुझे फायदा कर वायेगी

17. अहसास

एक अहसास ही तो है जो हमे सुख दुख की घड़ियों को महसूस करवाता हैं

एक अहसास होना चाहिए सब कुछ पास होना चाहिए मुसीबत की घड़ियों में भी मुस्कुरा सकू बस ऐसा जज्बा मेरे पास होना चाहिए

दूसरो की तकलीफ को महसूस कर सके ऐसा अहसास होना चाहिए ,असल में इंसान वही है जो दूसरो के गम को अपना गम समझे बस कुछ इस तरह एक दूसरे के अहसास को समझने का हुनर होना चाहिए

इस मतलब की दुनिया में थोड़ाअपने आपको संभाल कर रखना हैं,अहसास के समंदर में खुद को ढाल सकू बस इस तरह खुद को बनाए रखना हैं

आने वाली सारी मुसीबतों को जल्द ही हल कर सकू कुछ इस तरह का अहसास अपने अंदर रखना हैं

भले लाख बुराइयां हैं मुझमें इस बुराइयों को पहचान कर अच्छाइयों मे बदल सकू कुछ इस तरह का काम तुम्हे करना हैं

वक्त के साथ खुद को ढाल सकू कुछ इस तरह का हौसला पैदा अपने अंदर करना हैं

अहसास की दुनिया में खो कर मुझे बहुत कुछ करना हैं कभी अपनो के लिए तो कभी खुद के लिए तुम्हे ये अहसास रखना हैं अहसास अपने सपनो को पूरा करने का हमेशा होता हैं

ये अहसास मुझे चैन की नींद सोने नहीं देता हैं कैसे होगा
ये मंजर पूरा बस इसी बात पर दिल हमारा अक्सर बैचेन
रहता हैं

मंजिल की तलाश में न जाने कितने लोग अहसास दबाए
हुए रहते हैं, कैसे हासिल करेंगे अपनी मंजिल ये सवाल हर
वक्त मन में होता हैं

ये अहसासों की दुनिया में आज हर एक इंसान गुमशुम सा
रहता हैं

कभी जिम्मेदारियां थका देती है तो कभी मजबूरी रुला देती
हैं ये अहसास के महसूस होने से होता हैं

आज के दुनिया में इंसान सोशली सबसे कनेक्ट और मेंटली
एलोन हुआ फिरता हैं

18. लगन

लगन मुझको कुछ ऐसी लागी है, की बस अब कुछ कर दिखाने की बारी हैं

निकले हैं सफर में मंजिल की तलाश में मंजिल तक पहुंचने का सफर जारी हैं

कभी खुद से तो कभी दूसरो की सलाह से सफर में निकल पड़े हैं, अब बस सफर की तरफ लगन लागी हैं

हर वक्त मन में एक सवाल सा रहता हैं, उस सवाल को हल करने की कोशिश लगातार जारी हैं

कर रहे हैं, पूरी लगन से सब अपने अपने सपनो को पूरा करने की तैयारी ,कोई जाग रहा है पूरी-पूरी रात मोबाइल देख कर तो कोई दे रहा हैं, किताबो को समय पूरी लगन के साथ किसकी मंजिल है साफ ये है बस नजरिए- नजरिए की बात

इस मन न लगाने के जमाने में अपने सपनो से मन लगाना है, बस इसी लगन के साथ आगे बढ़ते जाना हैं

अपने काम के प्रति कुछ ऐसी लगन होनी चाहिए न लगे कभी बोरियत ऐसी शुरुवात होनी चाहिए

न हो जिसमे हमारा फायदा वो काम को इग्नोर मारना चाहिए जिसमे तुम्हे दिखे अपनी जिंदगी संवारने की गुंजाईस बस वही काम को करने की लगन होना चाहिए

हर मुसीबत से खुद को बचाने का हुनर आना चाहिए ऐसी लगन हर इंसान के अंदर होनी चाहिए

खुद पर भरोसा ऐसा होना चाहिए की हो जाएगी सब प्रॉब्लम

एक दिन ठीक बस इन प्रॉब्लम के समय हमारे अंदर सब्र करने की लगन होना चाहिए

इस भाग दोड़ वाली जिंदगी में कुछ समय खुद के लिए होना चाइए जो नही कर पा रहे हैं इस बिजी लाइफ में उसको पूरा करने के लिए लगन होनी चाहिए

लगन ही लगन बस लगन ही लगन कुछ इस तरह अपने सपनो को पाने की लगन होनी चाहिए अंधेरे मैं भी रोशनी बन सके ऐसी शक्शियत बनने की लगन होनी चाहिए

खुदा ने हर किसी को इस दुनिया में अलग बनाया हैं,अपनी खूबियों को तलाश कर खुद को निखारने की कोशिश करना चाहिए

तुम्हारी लगन ही बताती की तुम्मे कितना जुनून हैं, तेरी मेहनत ही तुझे चमकती हैं

तेरी मेहनत ही तुझे आग में तापा कर कुंदन बनाती हैं

19. बैचेनी

दर्द होगा बैचेनी होगी बेकरारी भी होगी मोहब्बत अगर तुम्हे तुम्हारे सपने से है तो ये बीमारी भी होगी

कभी मंजिल को पाने का डर सताएगी तो कभी मंजिल तक पहुंचने में बेचैनी भी होगी

सपना बड़ा देखा हैं, उसे पूरा करने में लाख मुसीबतें आयेगी वो भी क्या दौर होगा जब कामयाबी शोर मचाएगी

कभी तुझे तेरी जिम्मेदारियों की बैचेनी होगी तो कभी अकेले चलने मैं बैचेनी होगी ये सफलता के सफर तह करने में तुझे न जाने कितनी बैचेनी होगी

हर एक बैचेनी का कोई न कोई अलग कारण होगा कभी दर्द के लम्हे तो कभी खुशियों के लम्हे का एक अलग आलम होगा

कभी नींद न आने तो कभी सपने के टूट जाने की बैचेनी होगी इस सफर के दौरान न जाने तुझे कितनी बैचेनी होगी

कभी तुझे तेरी जीत बेकरार करेगी तो कभी तुझे तेरी हार की बैचेनी होगी वक्त के साथ साथ तेरी बैचेनी भी एक दिन जरूर दूर होगी

ये बैचेनियो का आलम तो यू चलता रहेगा जिंदगी के इस सफर में न जाने कितनी का बैचेनियो सामना तुझे करना पड़ेगा हौसला कभी टूटेगा तो कभी हिम्मत जवाब देगी बैचेनी के आलम में तुझे अपनी मंजिल धुंधली दिखाई देगी

रख हौसला कर फैसला तुझे आज बढ़ना होगा इस सफर में

तुझे इस बैचेनी को साइड मैं रख आगे बढ़ना होगा
जिंदगी के इस खूबसूरत सफर में बहुत उतार चढ़ाव आयेगा
मंजिल तक जाने का सफर बड़ा खूबसूरत नजर आएगा
हर मुसीबत से तुझे एक दिन निजात मिलेगी तेरी बैचेनी से राहत तुझे जल्द मिलेगी
गुमनाम जिंदगी में तुझे तेरी एक अलग पहचान मिलेगी
बैचेनियो के आलम में एक दिन जरूर दर्द से राहत मिलेगी

दिलो जान से की गई तैयारी तुझे एक अलग मुकाम पर पहुंचाएगी तेरी मेहनत एक दिन जरूर कामयाबी दिलाएगी

20. बुलंदी

बुलंदी तक पहुंचने का रास्ता हमेशा कांटो से होता हुआ जाता हैं तभी तो इंसान वो अलग ही मुकाम पाता हैं

कभी खुद से तो कभी अपनो से इंसान एक अलग पहचान बनाता है बुलंदी को पाने के लिए न जाने कितनी मुसीबत उठाता हैं

मेहनत की चाबी ही तुझे बुलंदियों के शिखर तक पहुंचाती हैं, यही सोच तुझे आगे बढाती हैं

कोई कागज के टुकड़ों को कमाने में लगा है तो कोई अपना नाम बनाने में लगा है हर कोई बुलंदियों जल्द को पाना चाहता हैं रास्ते भले की अलग है सबके पर यहां हर एक शक्स बुलंदियों तक पहुंचना चाहता हैं

कोई किसी का हक मार कर तो कोई किसी का हक अदा कर आगे बढ़ना चाहता है असल मैं कामयाब वही है जो दूसरो का भला करना चाहता हैं

बुलंदियों तक पहुंचने का रास्ता साफ होना चाहिए किसी का दिल हमारे वजह से न दुखे ये बात का हमे हमेशा ध्यान होना चाहिए

बुलंदियों तक पहुंचने का सफर आसान नहीं है दोस्तो इस सफर की शुरुवात प्लानिंग के साथ होनी चाहिए

दिल में अपने हमेशा ईमानदारी होनी चाहिए हर मुसीबत से बचे रहोगे बस तुम्हारा दिल साफ होना चाहिए

बुलंदी तक तू जरूर पहुंचेगा बस अपने रब पर विश्वास होना चाहिए और मेहनत तेरी दुगनी होनी चाहिए

बुलंदी के इस दौर में तेरा लक्ष्य क्लियर होना चाहिए
कंफ्यूजन में जब भी तू पड़े तो उस बीच थोड़ा दिमाग को
शांत रख राह चुनना चाहिए

21. तलाश

जो खुद को तलाश करने का जो हुनर जान लेता हैं अपने फूटे नसीब को वो जगा लेता हैं
मिलती उसी को हैं मंजिल जो सपनो को पूरा करने का इरादा ठान लेता हैं
कभी अपनी खूबियों को तो कभी अपनी कमियों को जो तलाश लेता हैं मुश्किल वक्त में वो सब्र से काम लेता हैं
तलाश करते फिरता हैं जो कामयाबी की तरकीबो को वो एक माहिर इंसान होता हैं सोच समझ कर करता हैं जिन्दगी का हर फैसला वो शख्स असल में काबिले तारीफ होता हैं
दुसरो के एबो को तलाशना छोड़ जो खुद को तलाशता हैं अपनी खामियों की भी कर लेता हैं वो भर पाई दुसरो की कमियों को निकालने का उसके पास समय जो कहा होता हैं
तलाश हर चीज की होती हैं आज हर इंसान किसी न किसी तलाश में अपने घर से निकलता है कोई तो वक्त की रोटी कमाने तो कोई अपने सपनो को पूरा करने की तलाश में निकलता हैं
इस अजनबी सी दुनिया में आज हर अपना भी बेगाना सा लगता हैं रिश्ते खून के नहीं अहसास के होते हैं इस अहसास को तलाशने का हुनर तुम्हे सीखना हैं
लोग देख कर तुम्हारी शक्शियत का पता लगा ले बस कुछ इस तरह अपने आपको तलाश करना हैं
ये तलाश का सफर बहुत बेहतरीन होता हैं मेरे दोस्त इस

सफ़र में तुझे अपनी एक अलग ही नाम बनाना हैं लोग तुझे गूगल में तलाशते फिरे कुछ इस तरह का काम तुझे कर के दिखाना हैं

हां यही रास्ता हैं तेरा तूने अब तलाशा हैं हा ये सपना हैं तेरा तूने पहचाना हैं बस तुझे अब कुछ करके दिखाना हैं लोग तालिया बजाते रह जाए बस तुझे कुछ इस तरह नाम कमाना हैं, तुझे तेरी जीत मुबारक ये बात तुझे अब सबके मुह से कहलवाना हैं

ये तलाश का सफ़र तुझे जारी रखना हैं मेरे दोस्त तुझे दुसरो के एबो को नहीं बल्कि खुद की खूबियों को पहचाना हैं लगे हैं सब एक दुसरे को नींचा दिखने इस बीच तुझे अपना सारा फोकस अपने सपनो को पूरा करने में लगाना हैं

ये तलाश का शिलशिला चलता रहे इस दुनिया में तुझे अपना एक अलग इतिहास बनाना हैं इस तलाश के दोरान बहुत सी रुकवाते आएँगी इस रूकावटो को नजर अंदाज कर आंगे बढ़ते जाना हैं

जब संघर्ष और संकल्ब दोनों हो न तो मंजिल मिल ही जाती हैं, तलब होनी चाहिए कामयाबी के लिए यारो वर्ना सोच तो हर कोई लेता हैं

तू बस खुद पर और खुदा पर भरोषा रख मंजिल तुझे एक दिन जरूर मिलेगी

22. जिद

कभी खुद से तो कभी खुदा से हम जिद करते है अपनी
जरूरतों को पूरा करने के लिए न जाने हम क्या-क्या करते
हैं

जिद में अगर आ जाए तो कर लेते हैं सब काम आसानी
से नहीं तो न जाने कितने बार कल पर हम काम को टाला
करते हैं

जिद होनी चाहिए हर शक्श को अपने मंजिल को पाने की
ये जिद ही तेरा आत्मविश्वास बढ़ाएगी

हर तरफ होंगे तेरे ही चर्चे जिस दिन तेरी ये जिद पूरी हो
जाएगी

अपने काम पर 100% दे कर तो देख तेरी मंजिल तेरे पास
खुद चल कर आयेगी

मुसीबतों में पाव अपना जमाए रखना तेरी जिद तुझे इन
मुसीबतों से निकालेगी

बचपन की हर जिद याद आती है मुझे कैसे जिद करने से
सब मिल जाता था वही मंजर अब वापस लाना हैं जहा एक
आवाज से ही सारा मौहाल खिल उठे

अगर कुछ कर दिखाने की हो तलब तो मिलता बहुत कुछ
है हौसलो में हो उडान तो परिंदा उडता कमाल हैं

जीवन में सब्र का समन्दर जितना गहरा हो उतना ही ऊंचा
मुकाम मिलता है मेहनत से ही तो इंसान को ऊंचा मुकाम
मिलता हैं

जिद हो अगर कुछ कर दिखाने की तो इंसान करता बहुत

कुछ है, पा लेता है मंजिल को भी वो जल्द क्योंकि उसे अपना सुनहरा भविष्य नजर आता हैं

23. हुनर

जो अपने आपको बदलने का हुनर रखते हैं वो भी लोग क्या
खूब कमाल का हुनर रखते हैं
यहाँ हर एक इंसान नया हुनर निभाता हैं कोई नाच कर तो
कोई गा कर तो कोई किसी की नौकरी कर कागज के टुकड़े
कमाता हैं
असल में यहां हर एक इंसान अपनी एक अलग भूमिका
निभाता हैं
कोई मुसीबतों से दर जाता हैं तो कोई डट कर करता है,
सामना यहां हर एक चेहरे में फिकर नजर आती हैं
रखते हैं चेहरे पर मुस्कुराहट हमेशा वो भी क्या हुनर रखते
हैं आपने आशूओ को छुपा वो अपने दर्द दिल में सिलने का
हुनर रखते हैं
हर किसी को कोई न कोई हुनर सीखना चाहिए हो सके
आराम से गुजारा कुछ इस तरह का बंदोबस हमे करना
चाहिए
हुनर ही हुनर पे दुनिया टिकी हैं इस हुनर से ही न जाने
कितनी लोगो की रोजी रोटी मिली है
हर हुनर एक अलग ही पहचान देता है कोई भी काम नहीं
हैं छोटा बड़ा हर एक काम अपना एक अलग मुकाम रखता
हैं
तरक्की के इस दौर में अपने हुनर को आजमाना बात जब
ईमानदारी की आए तो पूरे दिल से ईमानदारी निभाना चाहिए

24. सीख

हर एक चीज हमें कुछ नया सिखाती हैं सूरज की किरणे
हमे जागा हर एक नई सुबह दे जाती है
सीखने- सीखाने की दुनिया में तुझे बहुत कुछ करना है,
अपने सपनो के लिए तुझे दिन रात मेहनत करना हैं
आज तू जो सीखेगा कल वही तू दूसरो को सिखाएगा बस
इसी सोच के साथ तुझे अपने सपनो को पूरा करने में लगना
हैं
हर एक दिन तुझे कुछ नया सीखना हैं, बस इसी उम्मीद
के साथ तुझे अपना हर काम करना हैं
मेने परिंदो से सीखा हैं, उड़ने का हुनर बस इसी तरह खुल
कर अपने सपनो को पूरा करने की तैयारी में तुझे जुटना हैं

हर मुसीबत का कर सके तू सामना बस खुद को तैयार तुझे
कुछ इस तरह करना हैं
गमों वाली रातों में तुझे सब्र करना सीखना हैं, ये सब्र तेरी
हिम्मत बढ़ाएगा ये सब्र का फल एक दिन तू खुद पाएगा
सीखने सीखाने की दुनिया में तुझे खुद को होशियार बनाना
हैं, हर मुसीबत का कर सके बहादुरी से सामना बस अपने
आपको तुझे एक बेहतर इंसान बनाना हैं
लोग तुझ जैसे बनने की तम्मना करे कुछ इस तरह तुझे
अपनी पर्सनाल्टी बनाना हैं, ये सीखने सीखाने के दौर में
तुझे अपनी एक अलग लाइन खुद बनना हैं
तेरी सीख ही तुझे तेरी पहचान देगी अच्छी सीख तुझे

बेहिसाब इज्जत शोहरत देगी
बस हर एक नई सुबह की शुरुवात तुझे इसी पहल के साथ
करना हैं आज सीखेंगे कुछ और नया बस ये इरादे के साथ
दिन की शुरुवात करना हैं

25. रूह

जब रूह भी शामिल हो सपनो को पूरा करने में तो तुझे डर किस बात का सताता हैं तू ही बता तू किस डर से घबराता हैं

दिलो जान से की गई कोशिश हमे बहुत कुछ दे कर जाती हैं रूह भी शामिल हो जब उसमे तो तेरी कीमत वो खुद ब खुद बढ़ाती है

मुसीबत से लड़कर जब रुह भी मजबूत हो जाती हैं, होती हैं, फिर एक नयी शुरुवात कुछ इस तरह की तेरी हिम्मत को देख मुसीबत भी भाग जाती हैं

जब तेरे किये गए कामो में तेरी मेहनत दिल दिमाग के साथ तेरी रूह भी शामिल हो जीत होगी तेरी बेशक बस कुछ इस तरह तेरी पहचान खुद बा खुद एक अलग तरह से बनती जाती हैं

दिल की गहराई से किया गया काम का मजा ही कुछ और होता हैं कांटो भरी राहों में भी उस वक्त लब मुस्कुरा उठते हैं

रूह से जब चाहते हैं, हम अपने सपनो को तो वो सपने भी पूरा होने के लिए बेकरार रहते हैं की जाए पुरे दिल से मेहनत तो किस्मत के सितारे भी बुलंद हो उठाते हैं

जिन्दगी की हर एक चीज हमें सीख देती हैं, कभी खुशी तो कभी गम हमारे अपनों को परखने की सीख देतीहैं

मेरे रब का हैं, मुझ पर बहुत बड़ा करम बस उसका नाम लेकर में हर काम का आगाज करती हु

लाख मुसीबते क्यों न आए मुझ पर हर एक मुसीबत से
कुछ नया सीख में एक नए सफर की शुरुवात करती हू

26. दहलीज

सपनो की दहलीज पर जब रखा पहला कदम थोड़ा हम भी लड़खड़ा गए थे क्या होगा कैसे होगा कितने समय लगेंगे कुछ गड़बड़ तो नही होगी ये सब सवाल हमारे मन में भी आ गए थे

जब किया शुरू अपने सपनो के लिए काम तो फिर दहलीज तक पहुंचने पर इतनी घबराहट क्यों हैं, खूबसूरत होगी तेरी मंजिल जब तुझे इसको पाने की इतनी बेकरारी जो है

दिल में तमन्नाएं हजार लिए बैठे हैं हम अपने ही आपसे हर बार एक नया सवाल किए बैठे है, कब आएगा वो खूबसूरत लम्हा मेरी जिंदगी का बस इसी आस में हम एक नई सुबह का इंतजार करते है

हर एक दिन एक नई तैयारी हैं, कभी थोड़ा घबराहट तो कभी थोड़ा बैचेनी हैं दहलीज पर रखा हर कदम मुझे एक नई जिंदगी की ओर इशारा करता है

हिम्मत कैसे हारु दोस्तो मेरा दिल हमेशा मंजिल को पाने की ओर इशारा करता हैं

कभी सपनो में तो कभी निंद में मुझे अपनी मंजिल दिखाई देती है एक कदम बस और यही धुन हर वक्त मुझे सुनाई देती हैं

दहलीज से शुरू और दहलीज पर ही खत्म हो सफर कुछ इस तरह बस यही बात हमेशा परेशान करती हैं

कभी तन्हाई तो कभी भीड़ इस भाग दौड़ की दुनिया में मुझे एक शोर सुनाई देता है मंजिल करीब हैं मंजिल करीब

हैं बस तू आगे बढ़ते जा, बस तू आंगे बढते जा
हर मुसीबत से रिहाई मिलेगी बस तू रब को सच्चे दिल से
याद करता जा
तेरी किस्मत का सितारा एक दिन बुलंदियों पर पहुंचेगा
जरूर बस तू रब से मांगते जा बस तू रब से मांगते जा

27. रूह

रूह से की गई हर तैयारी तुझे एक नया परिणाम देगी तेरी
की गई हर कोशिश तुझे एक नया इनाम देगी
की गई सच्चे दिल से कोशिश तो मिलता बहुत कुछ है हाथो
में हाथ धरे मत बैठ तुम अपने नसीब को मत कोसो तुम
अपने नसीब को मत कोसो
नसीबो को कोशना छोड़ो मेहनत कर के वो भी पालो जो
तुम्हे नामुमकिन लगता हैं, इतना भी मुश्किल नही ये सफर
जितना की तुम्हे लगता हैं
करो पूरे दिल से तैयारी तो तुम अपने आपको भी पहचान
लोगे करोगे जब पूरी रूह से काम तो मंजिल को तुम जल्द
पा लोगे
तेरे अंदर की रूह ही तुझे एक इशारा करती है और मेरी की
गई कोशिश ही तुझे एक नई हौसला देती हैं
जब रूह भी शामिल हो सपनो को पूरा करने में तो तुझे
डर किस बात का सताता हैं तू ही बता तू किस चीज से
घबराता हैं
दिलो जान से की गई कोशिश हमे बहुत कुछ देकर जाती
हैं रूह भी शामिल हो जब उसमे तो तेरी कीमत वो खुद ब
खुद बढ़ाती है

28. तन्हाई

क्यों न इस तन्हाई को अपना दोस्त बनाया जाए सुकून के कुछ पल खुद के साथ बिताए जायइन तन्हाई के बीच तुम हो तुम्हारे सपने हो और सपनो को पूरा करने की जिद हो क्यों न उसमे एक नया काम किया जाए अपनी आने वाली जिंदगी को बेहतर बनाने का प्रयास किया जाए

कभी खुद से तो कभी अपनो से तो कभी तन्हाई से होती ये जंग रोज है कभी खुद से भी जंग करके देख तो पता चलेगा की ये जिंदगी कितनी अनमोल हैं

यू तन्हाई में खुद को पाना बड़ा मुश्किल काम है पर इसमें तुम अपने खायलात पर काबू पा लिए तो होता ये बहुत आसान हैं

तुझे तेरी जीत मुबारक होगी उस वक्त जब तू तन्हाई में भी सबको अपने साथ पायेगा हर किसी के बस में नहीं है तन्हाई काटना ये लम्हा तुझे उस वक्त याद आयेगा

थोड़ी कॉम्प्लिकेटेड सी है जिंदगी इस जिंदगी में तुझे अपनो का प्यार याद आयेगा आने वाली मंजिल बहुत हसीन होगी देखते जा वक्त तेरा भी आयेगा

जरूरत से ज्यादा सोचना सेहत के लिए होता है हानिकारक ये चीज तुझे बाद में बहुत रुलाएगी करके अपने जीत की तैयारी ये ही तुझे तेरी खुशी से मिलवाएगी

तेरी तन्हाई तेरी दोस्त बनती जायेगी तेरी आने वाली जिंदगी हसीन बनती जायेगी होगा तू खुश उस वक्त जब तुझे तेरी मंजिल मिल जायेगी

दर्द दिलो के संभाल रखना और अपने आपको तू किसी से
कम मत समझना बस यही चीज तुझे तेरी एक नई पहचान
दिलाएगी

तेरी तन्हाई भी उस दिन खत्म हो जाएगी जिस दिन तेरी
मंजिल तुझे मिल जायेगी

कर हर सुबह की एक नई सफर के साथ तलाश ये सुबह
तुझे एक नया पैगाम दे रही हैं

देदे अपने पंखों को एक नई उड़ान ये जिंदगी तुझे उड़ने के
लिए एक चांस दे रहा हैं

29. गुफ्तगू

गुफ्तगू जब खुद से की जाती उलझन उतनी बढती चली जाती हैं, कभी मन बेचैन हो जाता हैं तो कभी एक उम्मीद सी नजर आती हैं मन ही मन गुफ्तगू में न जाने हम कितने ख्याल करते हैं कभी दुसरो से तो कभी खुद से सवाल करते हैं

तेरी की गई गुफ्तगू कभी तेरे अपनों को खुश करती हैं, तो कभी बहुत तकलीफ पहुचती हैं की जाए मीठे बोल से जो गुफ्तगू तो यही तुझे एक सुकून पहुचती हैं

बातो में हो मिठास तो लगता हैं बाँदा नेक कड़वी बाते भूल जाइये करे कुछ इस तरह से दुसरो को ट्रीट की अगला इंसान भी तुम्हारी गुफ्तगू से प्रभावित हो जाए

गुफ्तगू जब चल रही हो मंजिल को पाने की तो हर कोई अपने सपनो की बात बताता हैं असल मैं वो शख्स बहुत खामोस रहता हैं जू गुफ्तगू खुद से करता हैं सपनो को पाने की लिए वो शख्स खामोशी से मेहनत करता हैं

आँखों में हो जूनून और जिद जब हो कुछ कर दिखने की तो बाँदा गुफ्तगू बस अपने सपनो से करता हैं

कभी पूरी रात तो कभी पूरा दिन अपने मंजिल को पाने की वो सोचता हैं गुफ्तगू के इस सिलसिले में इंसान कभी-कभी अपनों से भी थोड़ी दुरी बना लेता हैं

कभी ख़ामोशी के साथ तो कभी जोरो सोरो से ये गुफ्तगू का शिलशिला चलता हैं बात अपने- अपने नजरिये की हैं कोई खुद से तो कोई अपनों से गुफ्तगू कर अपना रास्ता चुनता

हैं

कभी-कभी दुसरो से की गई गुफ्तगू हमें एक बढ़ा इनाम देती हैं इस भीड़ भरी दुनिया में हमको हमारी पहचान बानाने का एक नया रास्ता दिखा देती हैं

गुफ्तगू का सिल-सिला चालू रखो दोस्तों ये वो रास्ता हैं जो हमें अपनों से जोड़ा रखता हैं सच्चे नियत से की गई गुफ्तगू से इंसान अपनी एक अलग कहानी रचता हैं

तेरे गुफ्तगू का अंदाज ही बताता हैं, की तू कितना ज्ञानी हैं सिर्फ किताबो से ज्ञान प्राप्त किया हैं की तेरे लाफ्क्सो में भी ज्ञान हैं गुफ्तगू का अंजाम बताता हैं की तू कितना अच्छा इंसान हैं

30. आजाद

आजाद हो कर अपने सपनो को पूरा करने के लिए आज
बढ़ते जाओ

कर सकू सारे सपने साकार बस अब दिलो जान से खुद पर
काम करते जाओ

सोच को भी रखो अपनी आजाद बस इस आजादी की सोच
के साथ सबका भला करते जाओ

तेरी ये नेक सोच ही तुझे सिला देगी तेरी नियत पाक हुआ
तो कुदरत भी तेरे साथ होगी

दिल की हर मुराद पूरी होगी जब काम किया जाएगा सच्चे
दिल से तो तेरी आने वाली मंजिल आसान होगी

हर गम से खुद को आजाद कर के देख तेरी ये आजादी तुझे
एक अलग सा सुकून देगी

आजादी के इस दौर में न जाने कितने सितम भी तुझे
उठाने होंगे कभी अपने तो कभी दूसरो की खुशी के लिए
तुझे कितने कदम उठाने होंगे

आजादी की लड़ाई लड़कर ही न जाने कितनो ने भारत को
आजाद करवाया हैं, विपत्ति से लगातार लड़ कर हमारे देश
को आजाद भारत बनाया हैं

इंसान गुलाम अपनी सोच से होता है, और सोच से ही
आजाद होता है ठान ले जब करने की तो अपने फील्ड का
विजेता होता हैं

सोच समझ कर लिया गया फैसला हमेशा सही होगा हैं
आजादी हो अगर हमारी सोच में तो होता बहुत कुछ खास

हैं

रिजल्ट का डर जब सताता है, इंसान उस सर से घबराता हैं जो खेलता हैं बाजी जिंदगी की वो असल में बाजीगर कहलाता हैं हर जीत तो जिंदगी का संगम हैं, दोस्तो असल में इम्तहान देने वाला हर शख्स खिलाड़ी कहलाता हैं

आजाद जब हो हर गम से तो काम करने का मजा ही कुछ और आता हैं फोकस जब हो पूरा अपने काम पर तो मंजिल को पाने का मजा ही कुछ अलग आता हैं

जिन्दगी की इस लड़ाई में हर इंसान आजाद होकर जीना चाहता हैं परिंदों की तरह उड़ कर आ नई मंजिल तक पहुचना चाहता हैं

कभी कभी ज्यादा आजादी भी भारी पड़ जाती हैं हद से ज्यादा आजादी भी इंसान से गलत काम करवाती हैं

दिल में अपने अगर जज्बा होता हैं कुछ अलग कर दिखने का वो इंसान खयालो से आजाद होता हैं कर लेता हैं फतह हर चीज को वो जल्दी क्योंकि उसकी नियत साफ़ होती hain

31. रूबरू

रूबरू जो हुए हैं, हम अपने सपनो से उसको पाने की तलब बस बढ़ते जा रही हैं कब होगी मंजिल हमारी फतह उस आश में मेहनत करते जा रहे हैं

सपनो से रूबरू होते-होते न जाने हम कब अपने ख्वाइशो को बढ़ाते जा रहे हैं, अपनी जिन्दगी को सवारते हुए हम खुद ही सवारते जा रहे

कभी किताबो के साथ तो कभी अपने खायलो में हम घुलते जा रहे हैं खुद से रूबरू हुए हैं जब से हम अपनी दुनिया में खोते जा रहे हैं

ये शिलसिले दिन ब दिन बढ़ता जा रहा हैं, खुद से रूबरू होने का सफर चलता जा रहा हैं

हर किस्से के दो पहलु होते हैं इस पहलु को पहचाने का मौका आते जा रहा हैं, मन की आँखों से देखू या दिल की ये सफर लगातार चलता जा रहा हैं

हो रही हैं, तमाम मुश्किले अपनी राहों से अलग ये मुकदमा अब बढता जा रहा हैं होगी एक दिन सारी मुश्किले खत्म क्यों की मुसीबतों का दौर अब गुजरता जा रहा हैं

कभी आंखो में खुशी आ रही तो कभी गम के आसू ये भी मेरी आँखों से रूबरू होते जा रहे हैं कैसे होगी मेरी सारी उदासी का खात्मा बस ये सोच के एक-एक दिन निकलते जा रहा हैं

हर एक सुबह नई उम्मीद ले कर आती हैं, कैसे हो हम अपनी मंजिलो से रूबरू ये रोज सूरज की किरण हमें बताती

हैं

कमजोर तेरा वक्त हैं तू नहीं तू चाहे तो बदल सकता हैं, अपना वक्त इस वक्त की गर्दिस से तुझे अपनी किस्मत के सितारे को चमकाना हैं राह में तुझे लगातार बस बढ़ते जाना हैं

दिल स निकली हुई हर एक मुराद तेरी कुबूल हो कुछ इस तरह तुझे अपने रब से रिश्ता बनाना हैं तेरे हर एक आसू की कीमत तुझे मिलेगी सब्र रख मेरे दोस्त तेरे दिल से निकली हर एक दुआ एक दिन कुबूल होगी

खुद से रूबरू होकर तो देख तेरी सोयी हुई किस्मत भी चमकेगी फकीरी से बादसाही में आने में ज्यादा समय नहीं लगती दिल अगर साफ़ हो तो किस्मत चमकाने में देर नहीं लगती

32. अंजाम

अंजाम की चिंता किये बिना मेहनत करते जाओ ये मेहनत तेरे अंजाम को एक दिन बेहतर बनाएगी और तुझे तेरे अंजाम तक पहुचायेगी

चैन सुख त्याग कर अंजाम को बेहतर बनाने की राह में चलते जाओ अंजाम चाहे जो भी आय बस तुम ईमानदारी से मेहनत करते जाओ

हर मुश्किल वक्त के बाद एक अच्छा वक्त आता हैं दुःख के बाद ही तो सुख का असली मजा आता हैं

जो मजा हैं खुद के दम से अपनी पहचान बनाने में वो मजा कहा हैं किसी और के नाम से जाने में

विरासत में मिली दौलत का गुमान तो हर कोई कर लेता हैं,जो कमाय अपने दम से अपना नाम वो इंसान ही असल में काबिले तारीफ होता हैं

दौलतमंद होकर भी जो अपना मिजाज नर्म रखे गरीबो के लिए हमदर्दी और अपनों के लिए दिल में मोहब्बत रखे करे जो जरुरतमंदो की मदद बिना दिखावे के वो इंसान खुदा का चाहिता होता हैं

चाहे लाख घिरा हो मुसीबतों में वो शख्स खुदा का कर्म उस पर बहुत होता हैं काम आये जो दुसरो के वो इंसान जमीर से आमिर बहुत होता है

बेहतर अंजाम पाना हर इंसान की चाह होती हैं और मिले हर किसी को उसकी मंजिल ये उसके हौसलों पर निभर करता हैं किस तरह से कर रहे हैं वो अपने सपनो को पूरा

करने की तैयारी ये मेहनत करने वाले पर depend करता
हैं

33. जोश

जोश हो जब कुछ कर दिखाने का अंदर से तो फिर क्यों आलसीपन करते हो उठो और अपनी मंजिल के लिए दिल से मेहनत करो ये तुझे तेरे सपनो को पूरा करने का एक नया प्लेटफार्म देगी

तेरी की गई हर कोशिश तुझे एक दिन बहुत खुबसूरत इनाम देगी अपने अंदर जोश की चिंगारी को कभी बुझने मत देना ये चिंगारी ही तुझे तेरी मंजिल दिलाने में मदद करेगी

जोश हो जब कुछ करने का तो तू चुप बैठ नहीं सकते और ठान ले जब अपने मन में तू कुछ करने का मेरा यकीन हैं की तूम पीछे हट नहीं सकते

की जाती हैं जब पुरे जोश से मेहनत तो तेरी मेहनत ही तुझे एक नए मुकाम पर पहुचाती हैं और जब जोश हो तेरे होसलो की उडान में तो ये तेरे पंखो को हवा दे जाती हैं

जोश-जोश में किया गया काम इंसान को कभी बहुत कुछ देता हैं तो कभी उसका जोश भी तुम्हारे कामो पर भरी पड़ता हैं

जोश हैं हमारे जज्बे में तो मेहनत भी दुगनी होती हैं और हो जब मेहनत दुगनी तो फल भी मीठा मिलता हैं

जोश की घड़ी में तूने अपना ज्यादा समय तो नहीं बिताया होगा पर जितना भी बिताया होगा वो हसीन बिताया होगा अपने अंदर जोश को हमेशा बरकरार रखना तेरे जोश से तुझे हिम्मत बहुत मिलेगी दुसरे भी देख तुझे मोटीवेट होने तेरी ये अदा बहुत लोग को भाएगी और तेरी कीमत दिन ब

दिन बढते जाएगी
जब भी खुद को तनहा पाना तुम बस मेहनत ज्यादा करना
ये मेहनत तुम्हे ऊचे शिखर पर पहुचायेगी पुरे जोश से की
गयी मेहनत तुझे रिकॉर्ड तोड़ जीत दिलवाएगी

34. हलचल

हलचल मचा रही हैं उम्मीदे दिल मे कुछ करना चाह रही हैं
ये हलचल जिन्दगी में यू बढ़ते जा रही हैं कभी अकेले में
तो कभी सबके साथ ये उम्मीदे हल चल करते जा रही हैं
जाने किस डगर पर आ पहुची हैं जिन्दगी हर डगर में
हलचल-हलचल के गुन गा रही हैं जिन्दगी हर डगर पर एक
नया सबक शिखा रही हैं जिन्दगी

यू कहू तो सभी की जिन्दगी में एक अलग सा रस घोल
रही हैं ये हलचल कोई सपनो को पाने के लिए घबराया हैं
तो कोई मुसीबत से घबराया हैं गोर से देखा तो जाना इस
हलचल भरी जिन्दगी में हर एक शक्स घबराया हैं

मायूस क्यों इस जिन्दगी में यारो ये मायूसी तो एक कुफारा
हैं रब पर भरोषा कर सब उस पर छोड़ दो क्योकि जिसकी
की उम्मीद रब से हो उसकी उम्मीद कभी टूटती नहीं

इंसान कभी गिरता हैं तो कभी लड़खड़ाता हैं इंसान जब
तक सफर में थोड़ा हवा का झोका न हो तब तक सफ़र का
मजा नहीं वैसे ही जिन्दगी में जब तक थोडा हलचल न हो
जिन्दगी जीने का कोई मतलब नहीं

ये इम्तहान का दौर हैं मेरे दोस्त यहाँ हर एक शक्स
अजमाया जाता हैं कोई पैसो से तो कोई बिमारी से हर एक
शख्स को अलग-अलग तरह से इम्तहान से गुजरता हैं

हलचल मची हुई हैं जिन्दगी में तुम्हारे बस इस हलचल का
सही फायदा हैं उठाना पहचान कर अपनी खूबियों को तुझे
अपना एक नया बसेरा हैं बसाना

चल रही हैं कोशिश लगातार लक्ष्य को पाने की तो क्यों इस हलचल से इतना डरे हो एक दिन होगी जीत जरुर तुम्हारी बस अपनी जीत की तैयारी करो

झोंक दो अपने सपनो को पूरा करने की तैयारी मे खुद को यह सोच कर तुझे तेरे माँ-बाप का फर्ज निभाना हैं, होगी खुशी उस दिन दुगनी जिस दिन अपने माँ बाप के चेहरे में तुम्हारे वजह से आयी वो मीठी सी मुस्कान देखोगे

कुछ इस तरह तेरी कामयाबी हलचल मचाएगी बस तू मेहनत करते जा ये मेहनत तेरी जिन्दगी के हर एक लम्हे को खुबसूरत बनाएगी

35. हर एक पल

हर एक पल खुबसूरत हैं उसे तुम महसूस करके तो देखो जिन्दगी से निराशा के पल तुम हटा कर के तो देखो ये जिन्दगी बहुत खुबसूरत हैं इसकी खूबसूरती को आप समझ कर तो देखो

कोई जिन्दगी के हर एक पल का लुफ्त उठाता हैं तो कोई जिन्दगी को बस कोशता जाता हैं

ये हैं नजरिये की बात यहाँ हर इंसान अपने अपने तरीके से जिन्दगी के पल का मजा लेता हैं

हल एक पल बहुत कीमती हैं इसे तुम गवाना मत लाख मुसीबते क्यों न आए जिन्दगी में तुम घबराना मत

सफरे जिन्दगी का बहुत यादगार होने वाला हैं बस चलते जाने घबराना मत, अपनी आने वाली मंजिलो को पाने की कोशिश जारी रखना आंधियो से तुम घबराना मत

जिन्दगी का न जाने कौन सा पल यादगार बन जाये क्यों न हर एक पल को कुछ खास तरह से इस्तेमाल किया जाए

मुसीबत से मिले जल्द छुटकारा यहाँ हर एक इंसान कामयाब होता जाए यही दुआ हैं मेरी रब से होठो पर सच्चाई और दिल में सफाई हर शख्स के हो

कुछ पल जिन्दगी के गमहिन होते हैं तो कुछ पल खुशियों से भरे होते हैं असल में ये पल जिन्दगी के बहुत यादगर होते हैं

मिलती हैं कामयाबी यहाँ हर उस शक्स को जो हौसलों से

मजबूत और इरादों के नेक होते हैं कुदरत भी देती हैं उनका
साथ असल में ये लोग खुदा के बहुत करीब होते हैं , खुदा
के बहुत करीब होते हैं

करता हैं जो हर पल शुक्र मेरे रब का वो हैं अनमोल खुदा
का रास्ते की सारी दुस्वारिया खत्म हो जाती हैं जो हर एक
काम खुदा के नाम लेकर शुरुवात करते हैं

अपने हर एक पल को बहुत संभाल कर रखो ये पल बहुत
यासीन हैं इस पल की खूबसूरती को तुम खुद महसूस करोगे
कर लो इस समय का सही उपयोग वर्ना इन पालो को तुम
बहुत मिस करोगे

किसी एक शक्स के जिन्दगी का पल तुम्हारे वजह से हसीं
बने कुछ ऐसा करो की तुम्हारे द्वारा किया गया काम किसी
के मुस्कुराने की वजह बने

दिलो में सबके मोहब्बत घोलने का हुनर अपनाना हैं बस
इस हुनर को जल्द से जल्द अपने जिन्दगी में उतारना हैं
तन की खूबसूरती तो ढल जायेगी यारो अपनी सीरत को
खुबसूरत बनाना हैं मरने के बाद भी लोग हमें भलाई के
साथ याद करे कुछ इस तरह अपने अखलाक की खुशबू
बिखेरते जाना हैं

ये अखलाक की खुशबू तो मरने के बाद भी जिन्दा रहती हैं
अगर इंसान नेक हो तो उसकी नेकिया हर पल उसे रब के
करीब करते जाती हैं

पल-पल इस पल में हर पल घुलते जाओ हो जाएगी सारी
परेशानी हल तुम बस हर हाल में खुदा का शुक्र करते जाओ

तरक्की के इस दौर में हर पल मेहनत करके गुजराना हैं
मौका मिला हैं जो अपने कल को सवारने का उसे नहीं

गावना हैं

अपनी आने वाली मंजिल को बहुत खुबसूरत बनाना हैं बस कुछ इस तरह हमें अपना हर एक पल अपनी मंजिल की ओर काम करके गुजरना हैं

लाख मुसीबते क्यों न आए उस मुसीबत से नहीं घबराना हैं राह पर डटकर कदम जमाना हैं और आंगे बढते जाना हैं

अपनी जिन्दगी के कुछ हसींन पल अपने घर वालो के साथ गुजारना फुर्सत के इन लम्हों को बस अपनों के नाम करते जाना हैं

अपनों के साथ बिताये गए पल तुझे हमेशा याद आएंगे ये वो हसींन पल हैं जो तुझे अपनों की कदर करना सिखायेंगे खुल कर इन पलो को जी लो न जाने ये पल फिर कब लोट कर आयेंगे

36. संघर्ष

संघर्ष जितना कठीन होगा आपका आने वाला कल उतना हसींन होगा

कुछ साल संघर्स में बिता दो ये वो हतिहार हैं जो तुझे तेरी सफलता दिलाएगा

जीतेंगे एक दिन खुद से ये वादा करो कोशिश हमेशा ज्यादा करो किस्मत भी रूठे पर हिम्मत न टूटे मजबूत इतना इरादा करो

संघर्ष की मिसाल कुछ इस तरह बनो की तुझे देख दूसरे भी संघर्ष करे हो तेरे हौसलों में कुछ इस तरह उड़ान तेरे जैसे बनाने की हसरत तेरे दोस्त करे

संघर्ष का मैदान छोड़ कर कभी भागना मत हार भले जाना पर खेल पूरा खेल के आना तेरा खेला गया खेल तुझे जीत भी दिला सकता हैं नहीं भी जीता तो तुझे तेरी हार से बहुत कुछ सिखा सकता हैं

तेरे संघर्ष की कहानी तुझे खुद लिखनी हैं एक दिन पढेंगे लोग तेरी कामयाबी के किस्से बस इस तरह तुझे तेरी कहानी लिखनी हैं

माना इस संघर्ष के वक्त अकेला हैं तू अपनी मंजिल तक तो पहुच वो भी तेरे आगे झुकेंगे जिन्होंने तुझसे मुँह मोरा था

आंखे भले ही लाल हैं, आज गम से रोई जो पूरी-पूरी रात हैं, इन आँखों की भी नमी दूर हो जाएगी तू संघर्ष कर अपने सपनो के लिए ये संघर्ष ही तेरे हर गम मिटाएगा दर्द को

अपने साथ ले ले दर्द भी तेरे काम आयेगा
लब पर हल्की सी मुस्कान और अपने टूटे हुए सपनो को
एक बार फिर पूरा करने की कोशिश जारी रख तेरा संघर्ष
तुझे तेरे मुकद्दर में जो आज नहीं हैं वो भी दिलएगा
सबके वक्त आते हैं तेरे दौर आयेगा मेहनत कर खुदा के
बन्दे ये दौर तेरी जिन्दगी में बहुत जल्द आएगा

37. लम्हे

एक- एक लम्हा हाथ से निकलते जा रहा हैं, हम न जाने किस मुश्किल में पड़ते जा रहे कभी आंखो में बैचेनी है तो कभी नींदे अधूरी हैं

सपनो को पाने की चाह में हर एक दिन निकलता जा रहा है मुसीबत से मिले जल्द निजात ये दिल हर पल दुआ मांग रहा हैं

जी ले जिंदगी कुछ इस तरह ये लम्हा पता नही अब कब लौट कर आयेगा तेरी कोई तमन्ना न रह जाए अधूरी की ले ये लम्हा न जाने किस तरह तुझे तेरा रास्ता दिखाएगा तालाश कर खुद को तू इन लम्हों में ओरो में क्यों खुद को ढूंढता हैं जब है हुनर तुझे कुछ कर दिखाने का तो फिर किसकी राह तकता हैं

मुसीबत में हो जब परेशान तू तो क्यों देरी अपने काम को करने में करता हैं तेरी तमाम मुसीबते होंगी दूर खुदा पर सब छोड़ दे

इन लम्हों की महक में खुद को जाने दे तेरा हर लम्हे को खुशबू से भर जाने दे ये जिंदगी कुछ खट्टे तो कुछ मीठे लम्हों को याद दिलाती है बस इन लम्हों को तू खुद में खो जाने दे

अपने उदासी भरे चेहरे में एक उम्मीद की मुस्कान ले आ जो लम्हा तुझे लगे खास उस लम्हे में तू बस गुम हो जा तेरा नाम ही तेरी पहचान हैं इसे तुझे बनाना है इन लम्हों को तुझे बस अपने अच्छे काम करके बिताना हैं

बीते लम्हों में तुझे तेरी हसीन यादें छोड़ कर जानी है, किसी के लब पर आए तुम्हारा नाम कुछ इस तरह एक मुस्कान छोड़ कर जानी हैं

इन लम्हों में न जाने कितनो ने तुझसे मुँह मौड़ा होगा उनका जवाब तुझे तेरी कामयाबी से देना हैं, अपनी कामयाबी की दासता तू कुछ इस तरह लिखेगा की मुँह मोड़ने वालो को भी अपनी गलती का अहसास होगा

खुबसूरत तू हैं, खुबसूरत तेरा सपना हैं कद्र करले इन लम्हों की मेरे दोस्त ये सुनहरा लम्हा ही तो तेरा अपना हैं

इन लम्हों को इसी तरह खुबसूरत बनाते चले जाना हैं, कुछ इस तरह तुझे अपने आपको निखारते चले जाना हैं

भले आज तन्हा है, तू इस सफर में इस सफर में अब अपनी रफ्तार बढ़ाते चले जाना इन लम्हों को तू अपना दोस्त बना लेना कर लेना खुद ब खुद बाते तेरी तन्हाई तेरे साथ होगी ये तन्हाई तुझे ये अहसास दिलाएगी एक दिन मर भी अकेले जाना हैं तो आज अकेले रहने में क्या प्रॉब्लम हैं

खुद गिरना और खुद उठने का हुनर तुझे सीखना हैं इन लम्हों में तुझे अपनी कहानी जो लिखना हैं

38. सबक

ये जिंदगी ने न जाने हमे कितना सबक सिखाया है, कुछ
सबक अपनों ने तो कुछ गैरो ने सिखाया हैं
कभी पूरे दिन तो कभी पूरी रात हमने रो कर गुजारी है
कुछ सबक जो हमारे अपनो ने हमे सिखाया हैं
मेरी दुनिया को मेरे रब ने बहुत हसीन बनाया है लाख
गुनाह करते है हम रोज फिर भी एक दिन न भूखे पेट
सुलाया हैं
खोल रखे है तौबा के दरवाजे मरने तक हमारे क्या खूब
सबक मेरे रब ने हमे सिखाया हैं
जहां उम्मीद होती है अपनो से वही तुम्हारे अपनो ने तुम्हारा
मजाक उड़ाया हैं
अपनी कमजोरियों को ताकत बना कुछ इस तरह की तुझे
देख दूसरे भी सबक ले अपनी राह बना कुछ इस तरह की
तेरी राह पर लोग बस चल पड़े
तेरे उठाए हुए कदम की तू खुद मिसाल बनेगा एक दिन तू
खुद सबके लिए मिसाल बनेगा
मुसीबतों से परेशान न हो मुर्शद सब्र से काम ले तेरा ये
सब्र तेरा सबसे बड़ा हतिहार बनेगा
लगन अगर तेरी सच्ची है तो तू भी एक दिन APJ Abdul
Kalam बनेगा
सबक सीखा रही है, जिंदगी तो कभी कुछ लोग इन सबक
को हमेशा याद रखना जीवन में आने वाले उतार चढ़ाव में
ढल सके कुछ इस तरह अपना मुकाम रखना फायदा उठाने

वाली दुनिया में थोड़ा सोशल डिस्टेंस बना कर रखना
हर मोड़ पर तुझे कुछ न कुछ सबक जरूर मिलेगा बस उस
पल के लिए तू खुद को तैयार रखना
सबके जिंदगी बहुत कुछ सीखा रही है आने वाली मंजिल
तुझे बुला रही है
गम किस बात का है मेरे दोस्त अभी तो जिंदगी बहुत से
सबक सीखा रही हैं

39. रिज्क

तलाशे रिज्क में हर रोज निकलते हैं, कभी पूरा दिन तो
कभी आधी रात गुजारने के बाद घर को लौटते हैं
रिज्क की तलाश में इतना मशहूर हो गया हैं इंसान की
रिज्क देने वाले मालिक को याद नही कर पाता, खाता हैं
खाना रोज पेट भर फिर भी शुक्र अता ठीक से कर नही
पाता
शिकायते ही शिकायत होती है, कभी लोगो से तो कभी खुदा
से क्यों तू रब की दी हुई नयमतो का शुक्रियादा कर नही
पाता
तेरे इतने गुनाहों के बाद भी मालिक तुझे रिज्क आता करता
है तो फिर क्यों तू इस रिज्क की कदर करना नहीं जानता
शुक्र कर खुदा का उसने तुझे देने वालो में बनाया हैं, न की
लेने वालो में फिर क्यों तू किसी को देना नही चाहता
ये हाथ उठते है तो गलत काम और जुल्म के लिए क्यों तू
इन हाथो से किसी की मदद करना नहीं जानता
तेरी छोटी सी नेकी भी तुझे जन्नत दिला सकती है , तो
फिर क्यों तू नेकी करना नहीं चाहता
हर मुसीबत से तुझे एक दिन निजात मिलेगी हाथ उठा तुझे
रब की मदद मिलेगी दिल से निकली तेरी सब दुआ कुबूल
होगी रिज्क में तेरे बरकते सुमार होंगी
तू नेक बन तो सही तेरे ऊपर भी रब की रहमत की बरसात
होगी इतनी गुनाहों के बाद भी रिज्क मिल रहा शुक्र कर
खुदा का वो तुझे तोबा का मौका हर रोज दे रहा

रिज्क में बरकते वो बेशुमार से रहा है और क्या कहूं मेरे
दोस्तो मेरा रब मुझे बे हिसाब दे रहा हैं
मेरी खमोशी को भी वो सुनता है दिल से निकली हर दुआ
वो सुनता हैं वो मालिक है सारे जहा का क्या खूब बेहतर है
तेरे हक में जानता हैं,
सिर्फ एक तौबा से वो तेरी छोटी बड़ी गलतियों को वो माफ
कर देता हैं क्या बताऊं यारो वो हमे हमारी मां से ज्यादा
प्यार करता हैं

40. सोहबत

मंजिल को पाने में बड़ा हाथ सोहबत का होता है हो अगर
अच्छी सोहबत तो जिंदगी सवार जाती हैं,

नेको की सोहबत से न जाने कितने लोग आगे बढ़े है, वही
अगर हो सोहबत बुरी तो न जाने कितने लोग बर्बाद हुए हैं
लगती हैं मां बाप की बाते बुरी देते जब वो नेक नसीहत
देते है, बुरे यार भी तुम्हे अच्छे लगते है, ले जाते है वो
बुराई के रास्ते में न जाने क्या- क्या गलत काम है करवाते
उनके बहकावे में आकर तुम अपनो से ही लड़ जाते

तेरी सोहबत का असर तेरे नेचर में आ जाता हैं, न चाहते
हुए भी तू बदलता चला जाता हैं

तेरे अपने तेरा अच्छा चाहते हैं इसलिए तुझे हर बुरी सोहबत
से बचाते है

तुझे तेरे अपने ही दुश्मन तब नजर आते है, ऐसा क्या है
तेरे यार में जो तुझे मां-बाप से भी ज्यादा अजीज नजर
आते है

कभी क्राइम में तुझे फसवाते तो कभी नसे की लट लगवाते
हैं, बुरी सोहबत में पड़े लोग तेरी जवानी बर्बाद करवाते है

अपनी जवानी को तू यू जाया न करना भले तन्हाई में
गुजार लेना कुछ पल जिंदगी के पर बुरी सोहबत में इसे
बर्बाद न करना

गेहूं के साथ घुन भी पिस्ता है ये कहावत ऐसे ही नहीं बनी
बुरी सोहबत मे रहोगे तो उसका असर तुम पर भी आयेगा
रख साधु संग संगती क्या ये बात तूने नही सुनी

दूर से दुआ सलाम सबसे पर अपना अच्छा बुरा तुझे खुद
जानना हैं, तू बहुत अनमोल है तुझे ये बात सबको बताना
है अपने लाइफ में कुछ इस तरह तुझे अपना स्टेटस बनाना
हैं

तेरी सोहबत में कोई दूसरा भी आए तो वो भी कुछ अच्छी
बात सिख कर जाए बस कुछ इस तरह तुझे अपनी एक
अलग छवि दूसरो में छोड़ते जाना हैं

पानी में घुल जाती है जिस तरह चीनी वैसे ही तुझे अपने
सपनो मे घुल जाना है कुछ इस तरह ही तुझे अपने सपनो
को पूरा कर दूसरों के लिए आइडल बन जाना हैं

41. मुस्कान

तेरी मुस्कान बहुत प्यारी है इसको कभी खोने न दे लाख
मुसीबते क्यों न आए अपने चेहरे की मुस्कान को तू गुम
होने मत दे
चेहरे में जो शक्स अच्छी मुस्कान रखता हैं रात भर चाहे
क्यो न रोया हो उसके चहरे की उदासी कोई जान नहीं पाता

अपनी मुस्कान को कभी तू खोने मत देना गम को पी लेना
भले पर खुद को तू कमजोर होने मत देना
तेरी मुस्कान की कीमत हमेशा तेरे मां बाप ने चुकाई है
बचपन से लेकर जवानी तक तुझे हर चीज दिलाई है अब
बारी तेरी आई हैं उनकी मुस्कान तेरे इस दुनिया। में आने
से आई है
उनकी ये मुस्कान को तू कभी खोने मत देना करना मां
बाप का नाम रोशन कुछ ऐसे काम करके उनके भरोसे को
कभी टूटने मत देना
चेहरे में मुस्कान रख तू मेहनत करते जा जल्द पा लेगा
मंजिल को तू बस लगातार आगे बढ़ते जा
तेरी उदासी को कही भी जगह न मिले तू मन ही मन
मुस्काते जा
मिलेगी तुझे एक दिन बहुत खूबसूरत मंजिल बस इसी
मुस्कान के साथ तू आगे पढ़ते जा तू

42. एक सपना

एक सपना देखा हैं मेरे आफ्नो ने उस सपने को पूरा करने की कोशिस जारी हैं उस सपने से न जाने कितनों की उम्मीद लगी हैं

निकाल पड़े हैं मंजिल की तलाश मे मेरा सफर अभी जारी हैं सपनों को जल्द हकीकत मे बदल दु बस इसी तरह मेरी मेहनत लगातार जारी हैं

कभी आंखे थक जाती हैं किताबों को देखते हुये तो कभी लेपटोप पर पूरी पूरी रात चेपटेर पढ़ते हुये कटती हैं

इन सपनों ने न जाने कितनों की नींद उड़ा रखी हैं मेहनत भी जारी हैं इरादे भी मजबूत हैं बस अब मंजिल का आना बाकी हैं कुछ इस तरह सपनों को पाने की तैयारी जारी हैं

बुरा भले मेरा वक्त हो अब उस वक्त से लड़ना जारी हैं कब तक ठहरेगा ये बुरा वक्त रात के बाद सुबह का आन जो तह हैं

हो इरादे मजबूत तो वक्त भी बदल जाता हैं मेहनत हो अगर सौ परसेंट तो रिज़ल्ट भी तेरे मुताबिक आता हैं

चलते-चलते थकान लगे तो सपनों की याद आती हैं जो उम्मीद मेरे आफ्नो ने मुझसे लगाई हैं उस उम्मीद की धुन मुझे सुनाई देती हैं

कैसे थक जाऊ ये सफर जो तह किया हैं अभी तो मंजिल का आना बाकी हैं देखे है जो सपने सुनहरे बंद आंखो से उन्हे खुली आंखो से देखना अभी बाकी हैं

देखे हैं जो सपने मेरे अपनों ने मेरे लिए उन सपनो को पूरा

करना अभी बाकी हैं कैसे मन जाऊ हार अभी तो मंजिल
का आना बाकी हैं

रास्ते की तमाम रूकावटो से लड़ते जाना हैं सपनो को पूरा
करने की जिद में दिन रात मेहनत करते जाना हैं

तलाश खुद को कुछ इस तरह की तेरी वैल्यू दूसरे भी समझे
पाने वाले को नाज और खोने वाले को अफसोस हो कुछ
इस तरह हो तेरी तलाश कुछ इस तरह हो तेरी तलाश

तलाशने का सफर कभी जाया न जाने देना हो सके तेरी हर
एक मुराद पूरी बस कुछ इस तरह तू खुद को तराशना

कभी अपनी कमियों को तलाश तो कभी रह गई जो कमी
तेरे कामयाब होने में उस कमी को तलाश

ये तलाश का सफर हमेशा जारी रखना न मुमकिन भी
मुमकिन होगा बस तू खुदा पर भरोसा बनाए रखना

तेरी परख तुझे खुद करनी हैं अपनी खूबियों और खामियों
की तलाश तुझे खुद करनी है

जिंदगी के इस सफर में तलाश का सफर जारी हैं मेहनत
का मुसलसल सिलसिला जारी हैं

ये तलाशने का सिलसिला जारी रखो न जाने कब तुम्हारी
किस्मत चमक जाए हो तेरी सारी थकान दूर तेरी मेहनत
का तुझे फल मिल जाए

अपनी नाकमियों से घबराना मत दोस्त ये वक्त सब पर
आता है

कोई निकल जाता हैं, मुसीबतों के इस दौर से तो कोई
घबराता है इस दौर से

43. टूटते सपने

टूटते सपने से मैने बहुत कुछ सीखा है गिर कर उठना उठ
कर चलना मैने आई नन्ही चींटी को देख दिखा हैं
सपने टूटते हुए देखा तो तकलीफ भी बहुत होती है कैसे
करू उन सपनो को पूरा ये उम्मीद मुझे हर रोज जगा देती
हैं

अक्सर रात में नींद खुलने से बंद आंखो से देखे हुए सपने
भी टूट जाते है, सुबह की पहली किरण के साथ एक नई
शुरुवात जरूरी है टूटे हुए सपनो को पूरा करना जरूरी हैं
कभी दिल में आता है, ख्याल टूटे हुए सपने पूरे न कर
सके तो क्या करेंगे जो उम्मीद मेरे अपनो की मुझसे है
वो उम्मीद टूट न जाए करते हैं फिर मेहनत दुबारा अपनी
मंजिल को पाने की कही हाथ से समय निकल न जाए
कभी रात की नींद तो कभी दिन का चैन हमे गवाना होगा
कुछ पाने के लिए हमे अपने चैन को गवाना होगा
मुश्किल नही हैं इस जहा में कोई काम बस सोच की है बात
जो हम सोच सकते है कर भी सकते हैं बस नजरिए की है
बात

मेहनत की गाड़ी को थोड़ा तेज भागाना हैं अपने कल को
बेहतर बनाने के लिए अपने आज से लड़ते जाना हैं
टूटे सपनो से एक नई उम्मीद जगाना है होंगे मेरे अधूरे
ख्वाब जल्द पूरे बस इसी सोच के साथ आगे बढ़ते जाना हैं
तेरी ये सोच तुझे एक नए शिखर पर ले जाएगी तेरी मेहनत
की लत तुझे तेरे टूटे सपनो को पूरा करके दिखाएगी

44. निडर

निडर होकर रहने के कई फायदे है जीवन की कठिनाइयों को इंसान बिना डर के सामना करता हैं

आए लाख मुसीबतें क्यों न राह पर वो शख्स खुदा का नाम लेकर हर काम करता हैं, मिलती है मंजिल उन्ही को जिनके सपनो में जान होती है सिर्फ फरफड़ाने से कुछ नही होता हौसलों से उड़ान होती हैं

जिंदगी के इस सफर में कई चेहरे से मुलाकात होगी कोई तुझे डराएंगे तो कोई तुझे धमकाएंगे निडर होकर तू आगे बढ़ते जाना तेरा वक्त आने पर ये खुद तेरे लिए तालिया बजाएंगे

अपनी कमियों को तू अपनी खूबियों में बदल दे इन खूबियों को तू पहचान कर अपनी एक मिशाल लिख दे

मुसीबतों से लड़ते-लड़ते तू अपना एक अलग सा मुकाम बना निडर होकर तू अपने अंदर के डर को निकाल

ये सपनो का सफर बहुत खूबसूरत हैं इस सफर में अपनी चाल थोड़ी तेज बड़ा

चीटी की चाल से हुई है ये शुरुवात इस शुरुवात को तू घोड़े की चाल में बदल धीरे-धीरे ही तेरी रफ्तार तेज होगी इस रफ्तार की पकड़ को तू हमेशा बनाए रख

रास्ते में चलने का मजा तो कठिनाइयों में है बिना मुश्किल के मंजिल मिल गई वो मंजिल किस काम की हर सफल इंसान के पीछे उसकी कई सालो की मेहनत होती हैं

डर का सामना करना सीखिए निडर होकर चलना सीखिए दे

डर हमे पीछे की और ले जाएगा जो चल दिए निडर होकर
वही इंसान एक दिन सफलता को पाएगा

डर हमे पीछे की और ले जाएगा जो चल दिए निडर होकर
वही इंसान एक दिन सफलता को पाएगा

45. दिलचस्प

दिलचस्प ये राहें हैं दिलचस्प ये किनारा हैं दिल ये आवारा हैं कैसे मान लूं इतनी जल्द हार इन दिलचस्प रहो में मुझे अपनी मंजिल नजर आती हैं

हो नई पाई जो ख्वाब पूरे उन्हे पूरा करने की कोशिश अब दुबारा जारी है

गिर कर फिर उठे हैं बनाया है रिश्ता इन दिलचस्प राहों से अपने आप से हम फिर लड़े

माना की है ये मुश्किल सफर पर इस सफर की राहों से हम रोज गुजरते हैं

दिल मैं तमन्ना है अपनी मंजिल को पाने की बस इस तमन्ना को पाने के लिए हर रोज थोड़ा सफर तह किया करते है, हो पाएगा मुझसे एक दिन जरूर बस इसलिए अपनी मेहनत जारी रखते हैं

अपने आत्मविश्वास को इतना आगे बढ़ना हैं होगा ये तुझसे एक दिन जरूर बस इसलिए अपनी नजर बस मंजिल पर गड़ाना हैं

मन में हो अगर विश्वास पक्का तो मिलती उन्हे मंजिल एक दिन जरूर हैं हौसलों की उड़ान में बस कुछ इस तरह सपने उड़ान भरते रोज हैं

रोज मुलाकात होती हैं दिलचस्प राहों से कर रही है मेरी मंजिल मेरा इंतजार ये राहें मुझसे हर रोज कहती हैं

हो अगर खूबसूरत राहें तो सफर करने का मजा भी आता हैं हो जाती है। सारी मुस्किलों दूर इन दिलचस्प राहों को देख

कर इन मैं मुझे अपना आने वाला कल नजर आता हैं

बनाये रहो अपनी रफ़्तार कुछ इस तरह की ये रफ़्तार भी
दिलचस्प लगे गुजरते रहे ये जिन्दगी खुशियों से निकलते
रहे

दिलचस्प हैं ये मोड दिलचस्प हैं तेरे सपने इनसे तू अपनी
दोस्ती बनाये रखना

होगी दिल से निकली हर दुआ पूरी बस तू अपनी काबिलियत
पर भरोसा रखना

सपनो से नजदीकी और नेगेटिव विचारो से दुरी बनाये रखना
सफ़र खुबसूरत हैं तेरा बस इस सफ़र में अपना पाँव जमाये
रखना

न मिले कुछ जिन्दगी में तुझे तू उदास मत होना करना
दुबारा कोशिश उसे पाने की थोडा सी ठोकर से तू अपना
मनोबल मत खोना

जिन्दगी की दी गयी चुनौतियो से तू अपना सब्र मत खोना
पंख खुले रखना हमेशा उड़ने को अपने जिन्दगी के हर
लम्हे को खुल कर जीना कोशिश पुरे दिल से की जायेगी तो
मिलेगा तुझे बहुत कुछ तुझे इस दुनिया में तू अपने द्वारा
की गयी मेहनत को बस जारी रखना

46. एक दोस्ती खुद से

एक दोस्ती हो खुद से जिसमे हम खुद को तलाशे कैसे चले आंगे हम कुछ इस तरह बस इसी तरह अपनी दोस्ती को खुद से बरकार किया जाए

कैसे हो सपना पूरा तेरा ये दोस्ती तुझे बताएगी ये दोस्ती तेरी खुद से हैं यकीन मानो ये तुझे एक दिन बेहतरीन इंसान बनाएगी होगा तेरा सपना तेरा पूरा कुछ इस तरह तेरी कामयाबी शोर मचाएगी

की हैं दोस्ती तूने खुद से जो ये दोस्ती तुझे तेरी खूबी और खामिया गिनाएगी मंजिल की तलाश में हर रोज आंगे बढ़ते जा ये तलाश तुझे खुद से मिलवाएगी

दोस्ती अपनी तू खुद से बनाये रखना ये तुझे तेरे अस्तित्व से मिलवाएगी रही दोस्ती तेरी इमानदारी से तो ये तुझे सीधे रास्ते पर चलना सिखाएगी

जीत हार तो जिन्दगी का हिस्सा हैं क्या बताऊ ये तो एक खुबसूरत कीस्सा हैं चले राह में कुछ इस तरह तुझे तेरी मंजिल नजर आएगी

तेरी मेहनत करने की ये आदत कब लत में बदल जायेगी तुझे पता भी न चलेगा ये जिन्दगी तेरी कब हसीं बन जायेगी

तेरी की गई दोस्ती खुद से तुझे तेरी ईमानदारी की परख करवाएगी मंजिल होगी तेरी शानदार कुछ इस तरह तुझे तेरी दोस्ती इस मंजिल तक पहुचाएगी

इस दोस्ती में न पेशे की जरूरत हैं न कोई धोखा हैं न कोई

डर हैं तेरी खुद से की गयी दोस्ती की कीमत तू खुद जनता
हैं
यारो से गद्दारी नहीं और गद्दारों से यारी नहीं जिन्दगी के
ये दो उसूल हमेशा याद रख
कुदरत भी देगी तेरा साथ कुछ इस तरह की तू अपने जीवन
की शुरुवात कर
मुसीबत में घबराना नहीं जल्दबाजी में कोई फैसला लेना
नहीं तेरा संयम ही तेरी पहली जीत हैं सोच समज कर किया
गया काम बेशक सफल होता हैं सफल नहीं भी हुए तो क्या
कुछ नया सिखने को मिलता हैं

47. फैसला

फैसला करो कुछ ऐसा की तेरी जिन्दगी सवार जाए वो भला
तेरा और तेरे अपनों का तू कुछ ऐसा कर जाए
हो जिन्दगी की तमाम उलझने दूर तेरे फैसले से तुझे सुकून
मिल जाए हो तेरी नम आँखे ख़ुशी से चमक जाए
रोए हो तुम जिस सपने के लिए न जाने कितनी राते तेरे
तुझे तेरे वो सपने मिल जाए उम्मीद से पहले पाए हर चीज
तू कुछ इस तरह तेरी किस्मत सवार जाए
जिन्दगी से उदास होकर न जाने कितने लोग बैठे हैं करो
कुछ ऐसा फैसला की जिन्दगी जीने में मजा आ जाए
मुमकिन न मुगकिन तेरी सोच में हैं रख हौसला और बढ़ा
कदम अपना कुछ इस तरह तेरा हर कदम तुझे मंजिल तक
ले जाए तेरा हर कदम तुझे मंजिल तक ले जाए
तेरा आज का फैसला तुझे कल इनाम देगा चुन सही राह ये
फैसला तुझे तेरी पहचान देगा ये फैसला तुझे तेरी पहचान
देगा
मायूस न होना अपने बुरे वक्त से तू ये वक्त तुझे कुछ कर
दिखाने का मौका देगा तेरा आज का फैसला कल का तौफा
होगा
अपने किए गए फैसले पर कभी शक मत करना जो भी
करना तू दिल से करना किसी और की बात में आ अपना
सही फैसला मत बदलना अपना सही फैसला मत बदलना
तेरी कामयाबी ही तेरी वैल्यू बढाएगी तेरी आज की गयी
कड़ी मेहनत तुझे कल तेरे फील्ड का किंग बनाएगी तुझे

कल तेरे फील्ड का किंग बनाएगी
तेरे फैसले ही तुझे एक नई दिशा दिखायेंगे वक्त के साथ
आंगे कैसे बढ़ना हैं ये तुझे बताएँगे तेरी मुस्कराहट तुझे
हिम्मत देगी मुश्किल काम भी होगा आसान तेरी मेहनत ये
बता देगी तेरी मेहनत ये बता देगी
कर गया जो फैसला सही वो ही जीत के को करीब से देखता
हैं सिर्फ सोचने से कुछ नहीं होता दोस्तों कर गया जो कुछ
नया बस नाम उसी का होता हैं बस नाम उसी का होता हैं

48. चल

चल चले मंजिल की तलाश में कुछ पाने की आश में कुछ
करने की चाह में हो दिल की तमाम ख्वाइश पूरी कुछ इस
तरह से हो तेरी हर कोशिश पूरी

मेहनत का सिलसिला जारी रख एक नया मोड़ आयेगा सबके
तो वक्त आते हैं तुम्हारा दौर आयेगा

एक ऐसी चाल चल की हर चाल में तुझे तेरी मंजिल दिखे
हो हौसला तेरा बुलंद कुछ इस तरह की पर्वत पर तेरी नजरे
टिके

कोई कीमती चीज खरीदने के लिए खर्चा तो होता हैं और
कामयाबी पाने के लिए मेहनत करना तो बनता हैं

इस छल भरी दुनिया में हर एक इंसान एक नई चाल चलता
है कोई खुद को आबाद करने में तो कोई दूसरो को बर्बाद
करने में चाल पे चाल चलता चलता हैं

तुझे भी चल पड़ अपनी मंजिल की ओर ये रास्ता बहुत
हसीन हैं आधियों से भी लड़ जायेगा तू एक दिन आने वाला
शहर को बेहद खूबसूरत हैं

चाल पर चाल चलना बहुत जरूरी हैं और हो अगर बात
अपने सपनो को पाने की तो मेहनत करना जरूरी हैं मेहनत
करना जरूरी हैं

दिल और दिमाग को रखना हैं अपने लक्ष्य की ओर चल
अपने सपनो की ओर चल अपने सपनो की ओर

नाम भी होगा दौलत भी आएगी, तेरी की गई हर कोशिश
तुझे तेरे सपनो से मिलवायेगी तुझे तेरे सपनो से मिलवाएगी

दुश्मन की चाल से बचने के लिए कर ले तैयारी सर्तक
होकर चल और करले अपनी जीत की तैयारी खूबूसरत है
तेरी चाल खूबसूरत है तेरे हौसले खूबसूरत है तेरी मंजिल
खूबसूरत हैं तेरे इरादे

पा ले मुस्कुराते हुए अपने सपनो को बस तू करके अपनी
जीत की तैयारी बस कर ले अपनी जीत की तैयारी

चल पड़ा है तू अपनी दुनिया बदलने फिर क्यों डर है तुझे
सपनो के अधूरे रह जाने का सपने अधूरे रह भी गए तो
क्या कुदरत देगी तुझे मौका कुछ अलग कर दिखाने का
कुछ अलग कर दिखाने का

रुकना नही तू थकना नही बस चलते रहना, तू किसी के
आगे रोना नहीं बस खुदा से तू फरियाद कर तू दिल से
उसको याद कर तू दिल से उसको याद कर

49. मुसीबतों का हल

मुसीबतों का हल मिलना आसान नहीं होता कोशिश अगर
दिल से की जाए तो मिल जाते हैं, समंदर में भी मोती यू
हिम्मत हारने से इंसान महान नही होता

मिलती हैं, तरक्की उन्ही को जिंदगी में जो करता है मेहनत
बड़ी शिद्दत से सफलता भी उन्ही की गुलाम होती हैं,जिसके
हौसलों में जान होती हैं

मुसीबत भी उन्ही पर आती हैं, जो इन मुसीबतों से लड़ना
जानते है डटे रहते है जो मंजिल को पाने की जिद में एक
दिन नाम वही बनाते हैं

चलते जाते हैं मंजिल की तलाश में लगातार ये वो लोग हैं
जो मुसीबतों से डरा नहीं करते

हो जब खुद पर विश्वास कुछ कर दिखाने का वो कभी
किस्मत पर रोया नहीं करते

मुसीबतों का हल वो धुंध ही लेते हैं, यू हार मान कर बैठा
नही करते

जिंदगी की तमाम मुसीबतों से निपटारा हो जाता हैं रब पर
भरोसा रख कर जो काम किया जाता हैं

होती है, हर वो दुआ कबूल जब रब पर तव्वाकल कर अपने मकसद को उन पर छोड़ दिया जाता हैं,

50. फुर्सत के पल

ये पल निकलते जा रहे हैं, फुर्सत के पल निकलते जा रहे
हैं कुछ हम खुद से तो कुछ अपनों से दूर होते जा रहे हैं,

रंग-बिरंगे हसीन लम्हे निकलते जा रहे हैं, ये जिन्दगी की
किताब के पन्नो में अपनी छाप छोड़ते जा रहे हैं

ये फुर्सत के लम्हे हाथ से फिसलते जा रहे हैं, हमारी
जिन्दगी के वो हसीन पल निकलते जा रहे हैं

बचपन का वो दौर बहुत याद आता हैं, फुर्सत में जब होते
हैं बचपन की वो नादानी याद आती हैं जिन्दगी के इस दौर
में हु मुझे वो दौर याद आता हैं, वो बचपन याद आता हैं,
वो बचपन याद आता हैं

फुर्सत के वो पल हमें बहुत कुछ सिखाते हैं, कभी हमारी
हार तो कभी हमारी जीत को वो याद करवाते हैं

तन्नानो का मुसलसल शिलशिला जारी रहता हैं, कुछ पाने
की आश में इंसान कितना बिजी रहता हैं

अपनों के लिए भी वक्त निकालना बहुत मुश्किल हो जाता
हैं, इस भाग दौड़ वाली जिन्दगी में फुर्सत के वो पल बहुत
याद आते हैं

कभी आँखों में खुशी के तो कभी गम के आसू आ जाते हैं,
फुर्सत के वो पल जब भी हमें याद आते हैं,

फिर उन पल को मन ही मन याद कर मुस्कुरा देते हैं
अपनी जिन्दगी की कुछ हसींन पल जब भी हमें याद आते
हैं

वो यादगार लम्हे कुछ हम लिख कर बया करते हैं, तो कुछ
मन में ही दबा रखते हैं फुर्सत के वो पल याद बहुत आया
करते हैं

www.ingramcontent.com/pod-product-compliance
Lightning Source LLC
Chambersburg PA
CBHW031344160726
47993CB00002B/831